「話し方」に自信がもてる

1分間
声トレ

秋竹朋子
Tomoko Akitake

ダイヤモンド社

声の改善で仕事の成果が変わった人たち

テレアポ成功率が2割増（コールセンターのオペレーター・女性）

「生命保険のテレアポで成功率を上げるには、オペレーターの声が鍵。そこでオペレーター全員にボイストレーニングを実施しました。同じマニュアルを使っているのに、ボイストレーニングの前と後で成功率が2割もアップしたのは驚きです」

人前で話すことが嫌いだったのが、嘘のように改善（管理職・男性）

「管理職となり、以前よりも人前で話す機会が多くなったのですが、いま一つ声に自信が持てませんでした。そこで秋竹先生のスクールに通い、習った声トレを実践したところ、自分でもわかるほど力強い声になりました。今まで人前で話すことが嫌いだったのが嘘のようです」

営業成績が上がり、収入も600万円アップ（営業職・男性）

「外資系保険会社に転職したものの、半年間成果が上がらず、上司から『声が信頼できない』と指摘されました。レッスンを受けて甲高い声から低音ボイスに変え、速度のコントロールも覚えたところ、営業成績が上向きに。1年で収入が600万円アップしました」

企業研修での「声」が好評で独立を果たす（研修担当・女性）

「研修で毎日長時間話していたら、のどを痛めてしまいました。医師には発声法に問題があると言われ、ボイストレーニングを受けました。のどを痛めることなく長時間話せるようになり、研修人気ナンバー1講師に3年連続で選出。それで自信がつき、研修講師として独立を果たすことができました」

マネジャー昇格試験に見事合格（会計士・男性）

「プレゼン力も審査されるマネジャー昇格試験の2週間前に、スクールに駆け込みました。慢性鼻炎でこもりがちな声を改善し、無事試験をパス。声が昇格につながりました」

クライアントから「聞き取りやすくなった」と好評価（弁護士・男性）

「クライアントに『法廷での話し方が頼りない』とクレームがありました。スクールでメリハリのある声、大きな声を出す方法を教えてもらったことで、『聞き取りやすくなった』と評価され、弁護内容にも満足していただけるようになりました」

人を魅きつける声で当選を果たす（政治家・男性）

「選挙演説において『声』は大きな要素です。人を魅きつける声が欲しいと考え、レッスンを受けました。基本の発声や間の取り方を身につけた結果、自信を持って演説ができるようになり、無事当選を果たしました」

チームリーダーを最年少で任されるように（コンサルタント・男性）

「早口のせいか、聞き返されることが多く悩んでいました。単に発声方法の間違いだったことを指摘され、話す感覚を変えたところ、落ち着きのある印象になりました。以前より積極的に意見が言えるようになり、30代前半でチームリーダーを最年少で任されました」

はじめに

できるビジネスパーソンは、じつは声を磨いている！

私は、「声」に悩みを抱えるビジネスパーソンのためのボイストレーニングスクールを主宰しています。

声楽家としてのノウハウと音に対する敏感な聴覚（絶対音感）を生かし、スクールでの授業や、全国各地での企業研修・セミナーなどで、これまで250社超の企業、3万人以上のビジネスパーソンに対してボイストレーニングを指導してきました。

冒頭に挙げたのは、私の指導を受けていただいたみなさんの喜びの声です。

これらは決して大げさな例ではありません。**ちょっとした知識とトレーニング方法さえ身につければ、誰でも確実に、いい声に変わることができます。**3万人のトレーニングを通して、じつに**改善率は99％を誇ります。**

そして、もう一つ確実にいえることは、

「声が変わるだけで、仕事の成果が上がる」

ということです。

プレゼンテーション、スピーチ、電話応対、営業、接客など、ビジネスの現場では人と人とのコミュニケーションがつきもの。その**コミュニケーションの中心となるのが、声を使った対話**です。

一流のビジネスパーソンや政府関係者など、できる人は**「声」が最強のビジネススキル**だということを知っています。

表面化していないだけで、「声」のみの問題で、多くのビジネスパーソンは機会を逸しています。声が仕事上のミスや誤解を招いていることに気づいていないことが、じつに多いのです。反対に、**声を磨いたことで成功した人たちもいる**のです。

「印象が薄い」「感じが悪い」「暗い」「聞き取りにくい」「早口」という問題を抱えて私の

スクールに来る人の多くは、それらのことを他人に指摘されています。

電話で伝言をお願いしたのに、間違って伝わり、相手に迷惑をかけてしまったとか、「はい?」と聞き返されて嫌な気持ちになったなどの経験、ありませんか?

致命的ではないので見過ごしがちで、相手の問題と思うことも多いのですが、声が原因でトラブルにつながっているケースは、意外にあるのです。

いい声で話せば、話す言葉に説得力が増し、好感度が上がったり、人から信頼されたりと、さまざまな効果が得られます。

声が仕事の成果を左右するのは、もはや当たり前のことなのです。

このような「声」の効能に気づいている人は、徐々に増えています。

たとえば私の指導を受けた人のなかには、東レ経営研究所特別顧問の佐々木常夫さん、リブセンス代表取締役社長の村上太一さん、博多一風堂創業者の河原成美さんなど、各業界のトップの方も多くいます。

社員教育の一環として、部署単位で、あるいは全社でボイストレーニングを受けさせようという企業も多くなっています。

「このトレーニングは、医学的な理論を踏まえた素晴らしいものであり、音楽家の聴力と技術による指導は、声が変わることを必ず実証してくれる」（東京医科大学病院耳鼻咽喉科教授・渡嘉敷亮二氏）

「音声分析の結果、トレーニング後は明らかに人の耳に聞こえやすい数値に変わりました。音声分析装置に現れた問題点と、講師が指摘した『声』の問題点、そして改善点の一致には、驚かされます」（東京工科大学メディア学部メディア学科教授・相川清明氏）

と、**科学的にも実証されているメソッド**です。

声の重要性を認識し、改善しようとする人は、今後ますます増加していくと考えられます。

性格や仕事の習慣を変えることは簡単にはできませんが、声を変えることは簡単です。

本書で紹介する「1分間声トレ」を実践するだけでも、すぐに、劇的に変わるはずです。即効性があって成果が得られるのですから、やらない手はありませんよね。

ビジネスシーンにおいて求められるのは、

「よく通りよく響く魅力的な声質」

「のどを痛めず、ラクにできる発声」

「クリアで聞き取りやすい滑舌」

です。

本書では、そんな声になるための実践的なトレーニング方法をご紹介しています。

ぜひ、自分の理想の声を身につけて、ビジネスでの成功を手に入れてください！

第1章で紹介する「1分間声トレ」の動画は、こちらから見ることができます。

http://www.diamond.co.jp/book/9784478068595.html

スマートフォンから見る方は、「紹介コメント」欄を参照してください。

＊予告なく、終了することがあります。

「話し方」に自信がもてる

1分間声トレ

目次

第2章

ビジネスの現場で役立つ「言葉」と「話し方」……103

第3章 シチュエーションごとに、声を使い分ける……201

終章 「声」というスキルで人生が変わる……243

序章

「声」は最強のビジネススキル

声は科学的に証明されている最強のメソッド！
声の改善だけで、仕事の悩みは解決できるのです。

たいしたことを言っていないのに、説得力があるのは「声」がいいからです！

よくよく聞いてみると、じつはたいしたことを言っていないのに、その話にはなぜか妙な説得力がある。みなさんの周りにそんな人はいませんか？

その理由は**「声」**にあります。

もちろん、容姿や態度なども影響しているのでしょうが、特にビジネスの現場において、**話の内容を相手にきちんと伝えるためには、話し方が重要であり、その土台を支えているのが声です。**

いい発声・発音で話しているかどうかで、話の伝わりやすさの大部分が決まってしまい、それが**説得力につながる**のです。

いい声の人はできる人に見える

100名近くの経営者が集まる異業種交流会に参加したことがあります。全員が順番に、

1人30秒ほどで自己紹介したのですが、それだけで印象に残った人もいれば、失礼ながらまったく印象に残らなかった人もいます。

その違いはやはり声でした。

言葉が聞き取りやすく、適度なボリュームがあり、よく響く魅力的な声の持ち主の自己紹介には、たった30秒間でも、知らず知らずのうちに引き込まれてしまいました。

また、そのような人が話している様子を見ていると、仕事がうまくいっている印象を受けました。

反対に、か細い声で、モゴモゴ・ボソボソと話している人の話はまったく印象に残りませんでした。

もし商品を買うならどちらから買いたいか、一緒にビジネスをするならばどちらの人がよいかと問われれば、考えるまでもなく前者を選びます。

このようなことはみなさんも日常的に体験しているのではないでしょうか。

ビジネスにおいて声は、非常にデリケートな役割を果たすツールです。

商談、プレゼンテーション、接客、電話応対、講義や講演、会議の司会進行、株主総会や会社説明会など、ビジネスパーソンが人前で話す機会はたくさんあります。

そのさまざまな機会で、いい声を使うことができれば、相手に「感じのいい人だな」「信頼できそうな話だな」「この人が言うならきっと安心だろう」と思わせることが可能です。**ビジネスの成否を左右する鍵を「声」が握っている**のです。

声と年収は比例している！

私も協力している声についての情報発信を行う「声総研」が実施した、20代から50代の働く男女を対象とするアンケート調査で、興味深いことが明らかになりました。

その調査は、自分の声に自信があって、「声をほめられたことがある」「声の通りがよいほうだと思う」などの要素・経験を持つ人を「モテ声（ちゃんとした声）」、自分の声に自信がなく、「他人に声が暗いと言われたことがある」「声にハリがなくなったと感じる」などの要素・経験を持つ人を「老け声」と名づけて、それぞれのタイプにどのような傾向があるかを探ったものです。

質問のなかで、「現在、役職がついているまたは管理職に就いている」と回答した人の割合は、「モテ声」の人が、「老け声」の人を約1・3倍上回るという結果に。さらに女性に限っていえば、1・9倍でした。

また、「自身の声が仕事で有利に働いたと感じたことがある」割合も、41・2％もの差をつけて「モテ声」の人が上回る結果となりました。

いい声をした人のほうが、上の役職に就きやすく、また仕事もうまくいくということがデータから明らかになったわけです。

役職が上がれば給料も上がりやすくなるわけですから、「声の良さと年収は比例する」傾向があることは、間違いないといえそうです。

一流のビジネスパーソンは声に気を使う

私が実際にビジネスの現場で見ていても、**一流のビジネスパーソンは声に気を使っています。**

私はビジネスパーソンに特化したボイストレーナーとして、これまで3万人以上の方を見てきました。生徒には企業のトップの方も多数いらっしゃいます。

その経験のなかでも、確かに、できるビジネスパーソンはいい声の人が多かったといえます。

特に、若くして大きな成功を収めたベンチャー企業の社長には、魅力的な声を持つ方がたくさんいますね。きっと彼らは、活動的でエネルギッシュ且つ体力があるので、そのパワーが声になって表れているのだと思います。

もちろん声がいま一つであっても、大企業のトップに上り詰めたり、ベンチャー企業を成功させたりした人はいます。

ただしそういう方でも、ビジネスエリートとなったことで人に見られているという自覚が芽生え、ボイストレーニングをして声を改善するというケースがよくあります。

結局のところビジネスでトップに立つ人は、いい声の人が多くなるのです。

ビジネスで少しでも上を目指すなら、いい声を手に入れることが必修科目です。

ところが、ビジネススキルとしての声に注目し、改善するためのトレーニングを受けようという人は、まだあまり多くはないのが現状です。

あまり意識している人がいないからこそ、「いい声」を手に入れることができれば、他の人と差をつけることができるはずです。

昨今では、パーソナルスタイリストを活用するなどして服装に気を使い、イメージ戦略を重視するビジネスパーソンも増えてきました。

今は、「声」に気を使う時代なのです！

日本人だからこそ、声を意識する必要がある

声のトレーニングをするべき理由の一つに、私たちが日本人だからということもあります。

日本語の大きな特徴は、強いアクセントがないこと（関西弁は除く）。

たとえば「ありがとう」「こんにちは」と発音したとき、音の高低はありますが、アクセントの強弱はありません。このように、日本語は声の高低だけで言葉を使い分けています。

一方、英語を使う外国人が日本語で話すとき、どうしても「アリィガトウ」「コンニィチハ」と英語風のアクセントがつきますよね。これは、普段使っている言語のクセが自然

と出るからです。

また、言語には「有声音」と「無声音」がありますが、日本語は「有声音」で発声する言語です。有声音の特徴は、胸式の浅い呼吸で、声帯を震わせるだけでも声になること。

これに対して英語やフランス語、中国語など、日本語以外の言語は、「無声音」で成り立っています。無声音は、腹式の深い呼吸とともに発声しなければ言葉になりません。

つまり日本語は、その特徴ゆえに、腹式呼吸ほどのエネルギーを使わなくても発声が可能な言語なのです。

この違いがあるために日本人は、声を出すのに普段からあまりエネルギーを使いません。日本人は声が小さいとよく言われるのは、このあたりに理由があるようです。

さらに、部屋が狭いという住宅環境や、シャイな国民性も、あまり大きな声を出さないという気質につながっているのかもしれません。

こうしたさまざまな理由から、私たち日本人は、腹式呼吸ではなく胸式呼吸で発声してしまっています。

そんな日本人ですから、外国語が苦手なのも仕方がないことかもしれません。

これは外国語とは縁のない仕事に就いている人にも、無関係な話ではありません。

日本人同士で会話をしているときでも、声がよく通る人とそうでない人がいます。**声の通る人のほうが、意見も通りやすい。**これは実感として誰もが思うことではないでしょうか。

45歳を過ぎると、声は老ける

アニメで子供の声を演じている声優さんが、じつはかなりの高齢だったと知って驚いた、という経験はありませんか？

なぜ声優がいつまでも若々しい声を出せるかというと、答えは単純、いつも鍛えているからです。

声を出すための仕組みについては次の章でくわしく説明しますが、声の重要な機能の一つに「声帯」があります。

この声帯、２本の筋肉のようなものでもあり、粘膜のようなものでもあります。筋肉や粘膜と似ていますから、鍛えなければ細っていき、ハリやツヤがなくなります。本来、2本の声帯は隙間なく閉じるのですが、一本一本が細くなると隙間が空くようになります。

そうなると、空気が漏れたようなかすれた声になったり、老人のようなしわがれたダミ声になったりします。

普段あまり声を出さない人は、どんどん声帯が衰えていき、それとともに声も老けていくのです。

特に、45歳を過ぎたあたりから声の老化は顕著になります。そして、男性よりも女性のほうが早く老ける傾向にあります。

声が老ければ、人に与える印象も変わります。本来の年齢よりも10歳くらい上に見られてしまうこともあるかもしれません。

特に電話でのコミュニケーションは声がすべてですから、老け声は由々しき問題といえます。

昨今では、声帯の衰えを改善するために、ヒアルロン酸注射を行う声の美容整形にも注目が集まっています。しかし、コストと時間がかかりますし、その効果は3か月くらいしか持続しません。
それならば本書で紹介するトレーニングを実践したほうが、コストも時間もかけずに声の老化を防ぐことができます。

「声は生まれつきではない!」——意識して訓練すれば誰でも声は変えられる

「自分の声が嫌い」という人は多くいますが、ほとんどの方が、「でも声は生まれつきだから変えられない」と思い込んでいます。

じつはこれ、大きな間違いなんです!

滑舌が悪いのも、大きな声が出ないのも、いつも人に聞き返されてしまうのも、声が高すぎたり低すぎたりするのも、すべて間違った習慣を身につけてしまったことが原因であり、**声は生まれつきではない**のです。

ピアノを弾ける人や野球が上手な人が、生まれつき上手だったわけではありませんよね。ピアノを弾きたいと思ったら、最初はピアノの先生に習います。野球なら、チームに入ってキャッチボールから教わります。

しかし発声は、誰に習わないでも身についてしまうものなので、それぞれの人が独自の声の出し方をしています。

自己流で身につけて、何十年も慣れ親しんだやり方ですから、もう一生変わらないと思い込んでしまうのも、無理はありません。

しかし何事にも原理原則というものがあり、声の出し方にも正しいトレーニング方法があります。正しいトレーニングを繰り返せば、正しい発声方法が身につきます。

歯や耳鼻咽喉に問題がある場合は別なのですが、特に問題がなければ、**意識してトレーニングすることでほぼ100%声を変えることができます。**

なかには、数分間実践するだけで、明らかな効果を実感できるトレーニング方法もあります。

そして1か月も続ければ声のコントロール方法が身につき、自分の理想とする声になることができます。

「声は変えられない」

まずは、この意識を捨て去るところから始めましょう。

第1章

仕事で使える声を手に入れる「1分間声トレ」

4つのテーマに絞った1分間でできる声のトレーニング！
始業前に少しやるだけで、劇的に変わります。

美声の超基本～腹式呼吸――❶〈5秒×2回トレ〉

手に「はあ――」と温かい息を吐くだけで、正しい声に変わる

この章からは、いよいよトレーニングを始めていきます。

まずは、いい声を出すためには欠かせない、基本中の基本である「腹式呼吸」からマスターしましょう。

呼吸には、主に胸の周りの筋肉を使う「胸式呼吸」と、主にお腹の周りの筋肉を使う「腹式呼吸」があります。

私たちはこれらを併用して呼吸していますが、どちらの割合が多くなっているかは人によって違います。

「人によく聞き返される」「声が通らない」と悩んでいる人のほとんどは、胸式寄りの呼吸で発声してしまっています。

反対に、**声が通りやすく、ハキハキした印象の人は、腹式寄りの呼吸で発声していることが多い**のです。

ではなぜ、胸式呼吸では声が通りにくいのでしょうか。

人間が発声するとき、肺から空気を出し、その空気が声帯にぶつかって声の「もと」をつくっています。

胸式呼吸では、胸部周辺の狭い範囲で空気の出し入れをしているので、肺に多くの空気を入れられません。

そうすると吐く息の量が少なくなってしまうので、息に勢いがなく、声帯の震えが小さくなってしまい、聞き取りにくい声になってしまうのです。

反対に腹式呼吸では、横隔膜が下がり、胸より深く腹まで多くの空気を取り込めます。**吐く息の量が多いために、息を出したときに声帯がよりしっかり振動して、人の耳に聞き取りやすい声が出せる**のです。

手のひらに息を吐くだけ。吸うことは意識しない

腹式呼吸のトレーニングの方法にはいろいろありますが、ここでは、最も簡単な方法をご紹介しましょう。

①手のひらを口元に持ってくる。
②寒さでかじかんだ手を温めるイメージで、「はぁ――」と5秒間、息を吐く。

たったこれだけ。2回やれば十分です。

この方法で息を吐くと、必ず腹式呼吸ができているはずです。

片手をそのままに、もう片方の手をお腹の上に置いてやってみると、息を吐いたときにお腹が少しだけへこんでいるのがわかるはずです。

ポイントは息を吸うことではなく、吐くことを意識すること。

手に息を吐くだけで腹式呼吸になる

① 手のひらを口元に持ってくる

② 「はぁ―――」と5秒間、息を吐く（2回）

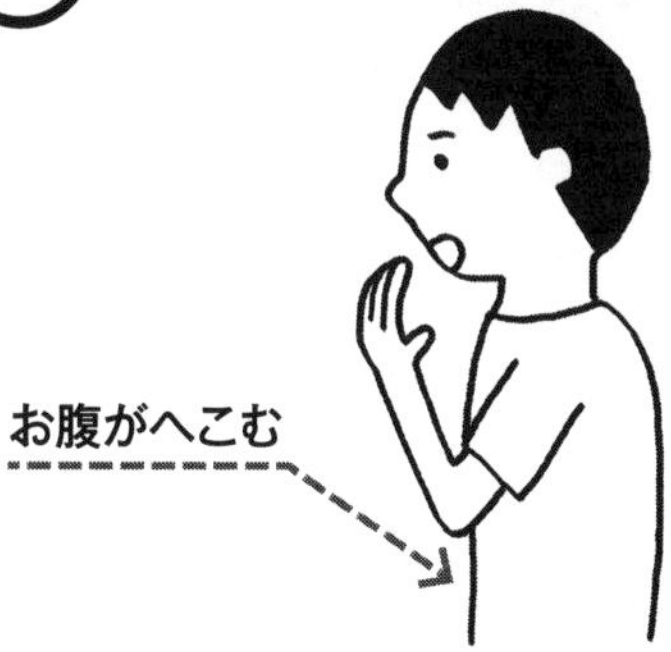

✓ 寒さでかじかんだ
手を温めるイメージ

しっかりと息を吐けば、
その反動で自然に鼻から息が入ってくる

しっかりと息を吐けば、その反動で自然に息が入ってくるので、吸うことは意識しなくてもいいのです。

場所を問わずいつでもできる方法なので、思い出したときに最低2回練習してみてください。

次第に腹式呼吸が身についてくるはずです。

ついでにもう一つ、簡単なトレーニングを紹介します。

全身の力を抜いて「は―――ぁ……」と深くため息をつく方法。

これでも自然と腹式呼吸ができています。

ただ、「ため息は幸せが逃げる」ともいいますので、人前ではあまりやらないほうがいいですね。

美声の超基本～腹式呼吸――❷〈25秒×2回トレ〉

「シ――――」で安定した声をつくる

商談でお客様に向かって説明するときや、プレゼンテーション・会議で発表するときなどに、どうしても早口になってしまう人はいます。

特にコンサルタント業の人や経営者に多いのですが、息つく暇もなく、まくし立てるように早口でしゃべる傾向にあります。

頭に浮かんだことを次々と話そうとしているのに、口が追いついていかず、一つひとつの言葉が不明瞭になったり、語尾が消えてしまったりしている人がよくいます。

それでは相手にとって聞き取りづらいですし、せわしない印象を与えてしまいます。

せっかくいい話をしても、早口のあまり相手に伝わりづらいのではもったいない。

早口で聞き取りにくい声になってしまう一つの原因は、声が安定していないことにあります。

たとえば、アナウンサーが読む天気予報を思い出してください。

「東京地方、明日は晴れてさわやかな空が広がるでしょう」

一つひとつの単語にはきちんとイントネーションをつけているものの、声のトーン全体としては大げさな抑揚はなく、最初から最後まで一定の強さに保たれているはずです。

一方、早口で聞こえづらい人は、声のトーンが一定ではありません。出だしが強く、そこからだんだん弱くなり、語尾は小さくなる。その繰り返しになっていることが多いようです。

一定の強さで声を出す

実際に自分のしゃべりが安定しているかどうか、確かめる方法がありますのでやってみましょう。

①腹式呼吸に注意して息を多めに吸う。
②「シ――――――」と息の続く限り声を出す。

これを25秒間、一定の声で続けられたら合格です。

でもほとんどの人は、長くても20秒程度しか続けられなかったり、どんどん声が弱くなっていったりします。

25秒息が続かなかった人は、息を多めに吸って、再度挑戦してみてください。

このとき、胸式呼吸だと肩のあたりに力が入ってしまうので要注意。

あくまでも腹式呼吸でやることが大切です。

最低2回やれば、**一定の強さで息を吐く感覚がつかめる**はずです。

あとは、その調子を意識しながらしゃべるだけ。

以前よりもずっと聞き取りやすい話し方になっているはずです。

普段どうしても早口になってしまう人、語尾が消えて相手に聞き返される人は、このトレーニングをやってみてください。

一定の強さで声を出す

✕ 20秒程度しか続けられず、どんどん声が弱くなる

○ 25秒間、一定の強さで声を出す（2回）

一定の強さで息を吐く感覚がつかめるようになる

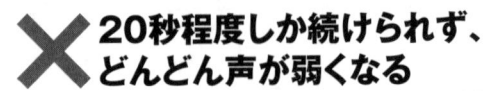

声を出しやすくする簡単ストレッチ――❶〈10秒×3回トレ〉

朝イチのプレゼンでも困らない「消防車サイレン」

寝起きの状態では頭も体もまだ目覚めていないように、声も本調子を出せません。

朝イチで声が出ないのは、声を出す準備ができていないからです。

スポーツをする前に準備運動やストレッチが欠かせないように、声を出す前にも準備運動をしましょう。

そもそも声は、横隔膜や声帯、鼻、口、舌、唇などの複数の器官が連動することでつくられています。

なかでも声帯は粘膜ですが、筋肉そのものです。

声帯は2本の筋からなり、息を吸っているときは開き、呼気を出すときには閉じられています。

肺から出た空気が声帯を振動させることで、声の「もと」となる音がつくられます。

したがって、声帯をきちんと使っておかないと、いざ声を出そうというときに十分に振動せず、相手の聴覚に届きやすい声が出せないのです。

高い声と低い声を両方ストレッチ

朝から声帯の筋肉をきちんと動かすための簡単なトレーニングを行いましょう。

題して**「消防車サイレン」**です。

消防車のサイレンにはいくつかのパターンがありますが、「かんかんかん」と鐘を鳴らさない、「うーーー」だけのサイレンを思い出せるでしょうか。

低い「うーーー」から始まって、高い「うーーー」になり、最後にまた低い「うーーー」に戻ってくるパターンです。

思い出せない人はインターネットで「効果音　消防車サイレン」と検索してみてくださいね。

①消防車のサイレンの音のように「う」を「あ」に置き換えて、
②「あ――――――」。
（低い声から始めて高い声まで5秒）
③「あ――――――」。
（高い声からもとの低い声に戻すまで5秒）

②と③合わせて約10秒がんばりましょう。５秒で折り返しですね。

これを３回繰り返してください。

高いところでは声が裏返らないように注意してください。

本物のサイレンは低い↓高い↓低いまで途切れずに音が鳴っていますが、声のトレーニングとしては息を続かせるのが難しいので、途中で息継ぎをして構いません。

トレーニングの最中に、のどのあたりを触ってみてください。

高い声を出すときと低い声を出すときでは、動いている筋肉や振動している箇所が違っているのがわかるはずです。

高い声と低い声では声帯の使う場所が異なるからです。

この「消防車サイレン」のトレーニングをすることで、声帯がストレッチされ、高い声と低い声が、きちんと出るようになります。

慣れてきたら、1オクターブ上と下の声で消防車サイレンの発声をやってみましょう。

より広い音域が出せるようになります。

朝イチでもピカイチの声を出す

① あ————————————
（低い声から始めて高い声まで5秒）

② あ————————————
（高い声からもとの低い声に戻すまで5秒）

✓ 消防車のサイレンの音のように。
①→②の発声を3回繰り返す

**高い声を出すときと低い声を出すときで、
動かす筋肉は異なる**

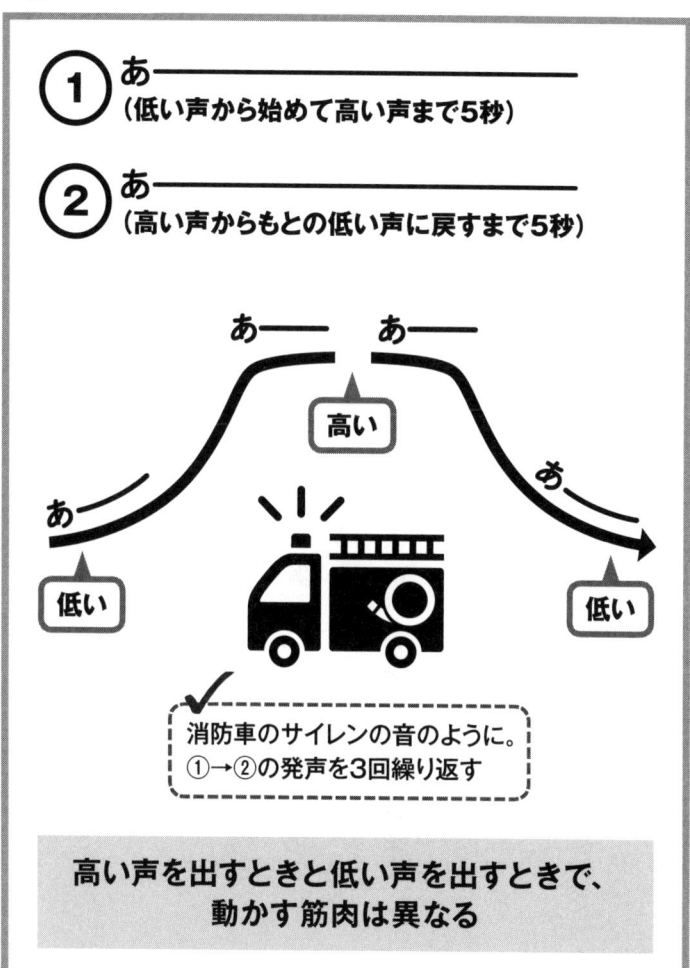

声を出しやすくする簡単ストレッチ──❷〈15秒×2回トレ〉

毎朝の「あーあっ」が美声をつくる

話す言葉に強弱をつけたり、声の高さを変えたり、あるいはスピードを変化させたりすることを「抑揚」といいます。

話すときに抑揚をつけると、相手を引き込むような魅力ある話し方ができます。

反対に、話し方に抑揚がないと、単調でぶっきらぼうな印象になり、感情が相手に伝わりづらくなってしまいます。

普段の会話において、ことさら抑揚を意識する必要はないのかもしれませんが、日頃から抑揚のない話し方をしている人が、いざプレゼンや商談などの場面で、抑揚のある話し方をしようとしても、なかなかできるものではありません。

体でも、普段使っていない筋肉を突然使おうとしても、なかなか力が発揮できないものですが、声もそれと同じなのです。

いろいろな高さや強さの声を出すには、その声を出すための声帯を鍛えておく必要があります。声帯のいろいろな部分を動かすための準備運動をしましょう。

幅広い音域を出せるようにする

①胸の前で両手のひらを合わせて、左右の手をお互いに少し押す。
②「あーあっ、あーあっ、あーあっ、あーあっ、あーあっ」と同じ音で5秒かけて声を出す。
③「あーあっ」×5回を1セットとして、普通の声、低い声、高い声でそれぞれ1セット×2回ずつ行う。

大事なのは、後半の「あっ」で切れよく発声すること。

このときにグッと声帯が締まりながら振動することで、声帯が鍛えられます。

すぐにできる簡単なトレーニングですから、43ページの「消防車サイレン」と続けて朝起きたときにやってみてください。

胸の前で両手を合わせるのは、私がお世話になっている東京医科大学病院耳鼻咽喉科の渡嘉敷亮二先生に教えてもらった方法です。

このポーズを取ることで肩の周りに力が入りにくくなるので、リラックスして腹から声を出すことができます。

渡嘉敷先生によれば、声帯の筋肉も年齢とともに老化するそうです。

声帯が老化すると筋肉が収縮しにくくなり、きちんと締まらなくなって、空気が漏れてしまいます。

声帯の老化によって、高い声が出にくくなったり、声がかすれたりすることにもなります。

いつまでも若々しい声でいるためにも、普段から声帯をなるべく使うようにしましょうね。

幅広い音域を出せるようにする

① 胸の前で両手のひらを合わせて、左右の手をお互いに少し押す

② 「あーあっ」×5回を5秒で。普通の声、低い声、高い声で1セット×2回する

グッと声帯が締まりながら振動することで、声帯が鍛えられる

声がよく通り響くための発声――❶〈5秒×2回トレ〉

一日中、いい声が出るための「声帯筋トレ」

声を出すための基礎的なストレッチに慣れたら、少しステップアップして難しいトレーニングにも挑戦してみましょう。

前ページまでのストレッチは、高い声や低い声をピンポイントで出せるようになるためのシンプルなストレッチでした。

しかし実際に話すなかでは、高い音から低い音まで、さまざまな音域の声を出したほうが、声の表情は豊かになります。

幅広い音域の声を自由にコントロールできるようになるためのストレッチが、次の方法です。

①高い音の「ア」と低い音の「あ」の間を、ぐるぐると円を描きながら行き来するようなイメージを持つ。

②「アーーあーーアーーあーーアーーあーーアーーあーーアーー」と5秒で息を出しきる。

先ほど紹介した「消防車サイレン」を短く、サイクルを早くして少なくとも2回やります。

このときにチェックするのはやはり腹式呼吸です。

息を吐いたときに、お腹が5ミリから1センチでもへこんでいれば、腹式呼吸ができている証拠です。

ぐるぐると円を描くイメージに合わせて、頭も上下してしまう人がいますが、頭は動かさないように注意してください。

頭は楽器と同じで音を響かせる場所です。

楽器を上下に振りながら演奏すると音が乱れてしまうのと同じで、頭も固定した状態のほうがいいのです。

また、肩や首などにはなるべく力を入れず、全身が脱力した状態で発声してください。

コツがつかめたら、らせん階段を上がっていくイメージで低い音から高い音まで、また、らせん階段を下がっていくイメージで高い音から低い音まで、声を出すトレーニングをしてみましょう。

途中でのどが痛いと感じるようであれば、基礎がまだできていないと考えられます。

腹式の発声から再度挑戦してください。

さまざまな音域の声を出す

① 高い音の「ア」と低い音の「あ」でぐるぐると円を描く発声のイメージを持つ

② 「ア——あ——……」と5秒で息を出しきる(2回)

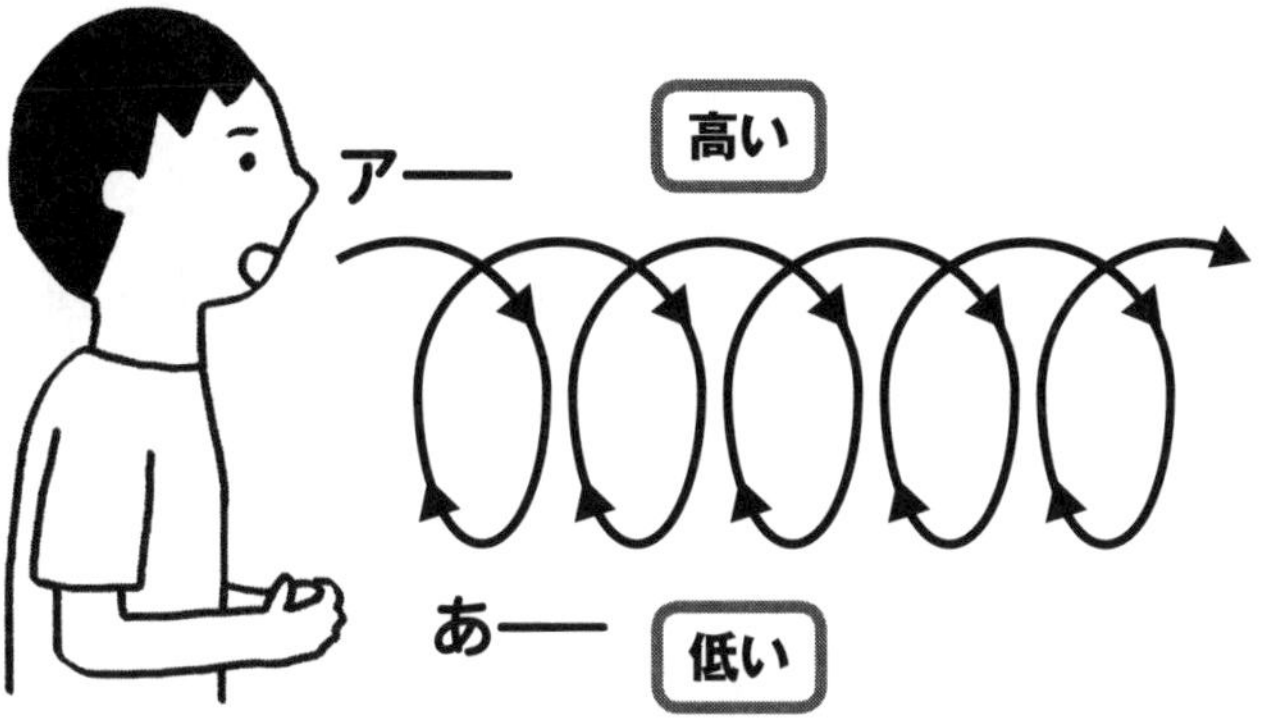

頭は上下させず固定。全身が脱力した状態で発声する

声がよく通り響くための発声――❷〈1秒×5回トレ〉

「アイーン」で口の周りをほぐす

顔にはたくさんの筋肉があり、それらを複雑に動かすことでさまざまな表情がつくられています。

顔の表情をつくる筋肉を「表情筋」と呼びますが、この表情筋は発声においても重要な働きをします。

私たちが言葉を発するときには、唇や舌などと一緒に、表情筋も動かしているからです。

表情筋が硬い、つまり顔がこわばった状態だと、口の周りの筋肉がスムーズに動かなくなります。

口が開かなければ、大きな声が出ませんし、一つひとつの言葉を明瞭に発声することもできません。

言葉を滑らかに操れる口にするためには、顔の周りをストレッチして、表情筋を柔らかくしてあげることが大事なのです。

その方法が、志村けんさんのあのポーズ、「アイーン」です。

といっても、手のしぐさまでまねする必要はありません。まねしてほしいのは顔、特に口の周りです。

①頭を上に向けて、あごを前に突き出す。
②「アイーン」を1秒で5回繰り返す。

「イ」のときに、口を横に引っ張るイメージでやると、首にスジができます。

人に見られると「おかしい人」と思われてしまいますから、誰も見ていないところで、恥ずかしがらずに、思いっきりやってくださいね。

普段しゃべらないと顔も声もこわばる

「アイーン」をやりながら、あごの下あたりの首筋を触ってみましょう。

筋が張っているのがおわかりになると思います。

筋肉に負荷がかかっているので、何度か続けてやっていると顔が疲れてくるはず。

すぐに疲れてしまったという人は、普段あまり顔の筋肉を動かしていないのかもしれません。

あまり人と会話しない生活を送っていると、顔の筋肉が硬くなり、表情が乏しくなるばかりか、声が出にくくなります。

特に高齢になって人と接する機会が少ないと、顔の筋肉が次第に衰えてきて、皮膚が垂れ下がる「ブルドッグ顔」になってしまいます。

私はボイストレーナーとして毎日よく声を出していますが、出産したときには1か月ほど仕事を休み、あまり人と話さない時期がありました。

その1か月だけで、明らかに顔がたるんでしまったのです。

声と顔の筋肉は密接に関係しているんだと、あらためて実感させられました。

普段、人と話す機会が多くないという人は、顔がこわばっているはずです。

表情筋を柔らかくする

① 頭を上に向けて、あごを前に突き出す

② 「アイーン」を1秒で5回繰り返す

一つひとつの言葉を明瞭に発声することができるようになる

「アイーン」のポーズをすることで、口の周りが滑らかに動くようになります。

話す前のストレッチのつもりで、何度かこのポーズを繰り返してみてください。

声がよく通り響くための発声——❸〈3秒×5回トレ〉

通る声になるための「ボインの法則」

ボイン、と読んであらぬ期待をしてしまった方はスミマセン。

母音・子音のほうのボインです（笑）。

日本語は、「あ・い・う・え・お」の母音と、それ以外の子音によって五十音ができていますよね。

五十音とはいいますが、声を出した後の口の開き方だけを見ると、子音も「あ・い・う・え・お」の形の5種類しかありません。

たとえば、「い」と声に出したときと、「り」と声に出したときでは、口の形は同じです。

「ま」を声に出す瞬間は唇を閉じていますが、声を出した直後は「あ」と同じ形です。

したがって、五十音のどの音を出すにしても、「あ・い・う・え・お」の母音の口の開きがきちんとできていることが大切になるのです。

口の開きができていないと、一つひとつの音が不明瞭になってしまいます。

母音は発音の基本です。

ゴニョゴニョと何をしゃべっているかよくわからない人の口を見てみましょう。

口がほとんど開いていないのがわかるはずです。

反対に政治家やタレントさんなどで、よく声が通る人の口の形を観察してみてください。

例外なく、口が大きく開いているはずです。


口をしっかり大きく開くために、母音を活用します。

口を正しく開けるようになるトレーニング

では、よく通る声になるための母音のトレーニングをしましょう。

「あ・い・う・え・お」ではなく、口の開きが近い順に「い・え・あ・お・う」と3秒かけて声に出し、5セットやります。

①鏡を見ながら、まずニコッと笑う。
②その顔のまま、歯と歯の間を軽く開けて「い」。
③そこから少し縦に開き「え」。
④大きく縦に開き「あ」。
⑤今度はすぼめ気味にして「お」。
⑥しっかりすぼめて「う」。

ニコッと笑うのは、口角が上がり、声が少し高くなる効果があるからです。

トレーニングする際は、鏡を見ながら、自分の口の開き具合をチェックしてみてください。

自分では大きく開いているつもりでも、鏡で見てみると意外と開いていないということがあるからです。

また反対に、開きすぎにも注意しましょう。口を広げすぎると、声が逃げてしまうからです。

しっかりと口を開いて母音が発声できるようになるまで、繰り返しトレーニングしてください。

慣れてきたら、「き・け・か・こ・く」「し・せ・さ・そ・す」と、「あ」から「な」行までの5行分をやりましょう。余裕があれば、全部をやってみるのもいいですね。

口を正しく開ける

① 鏡を見ながら、ニコッと笑う

② 3秒かけて、
「い・え・あ・お・う」（5回）

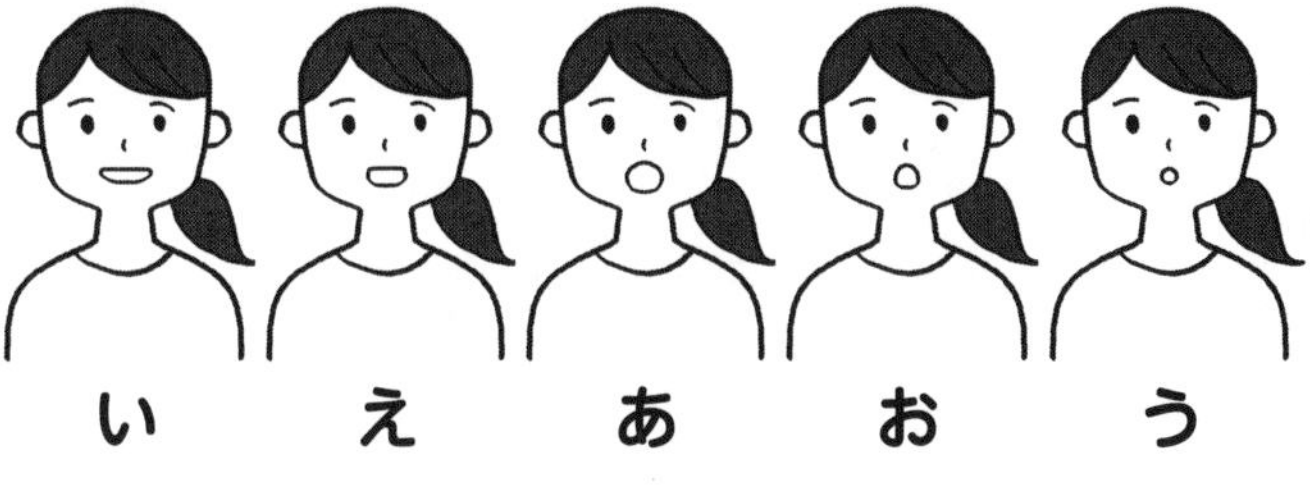

い　　え　　あ　　お　　う

**しっかりと口を開いて
母音を発声できるようになる**

声がよく通り響くための発声――❹〈2秒×5回トレ〉

「マーライオン発声」だけでこもらない声に

「体は楽器と同じ」と説明しましたが、音が出るメカニズムを知れば、そのことがよくわかります。

たとえばギターなら、弦を弾くことによって振動した音が、ギターの空洞のなかで共鳴し、美しい音色になります。

声もこれと同じで、横隔膜に押し上げられた空気が声帯を振動させて、その音が鼻腔・口腔といった空洞で響き、声になります。

人の体には、咽頭、口腔、鼻腔などの多くの共鳴する空間があります。

頭蓋骨そのものも共鳴する空間です。

美しい声をつくるには、それらの空間で音をいかに響かせるかが大切になるのです。

鼻音で柔らかい声質をつくる

さて、このトレーニングは、美しく響く声を出すためのトレーニングです。

美しく響く声とは、こもらない声、遠くまで伝わる声です。

体の内部で行われている発声のメカニズムを、「マーライオン」の動作で再現しながら発声します。

念のためマーライオンについて説明しますと、上半身がライオン、下半身が魚の形をした像のことで、シンガポールの有名な観光スポット。口から勢いよく水を吐いています。

①まっすぐに立ち、左手はお腹の上に置く。
②右手で、「空気がお腹から出て、気管を通り、頭に響かせて口からまっすぐに出ていく流れ」（マーライオンが口から水を吐く様子）を表現しながら、
③「マ――――！」と一連の動作に2秒かけて明るく声を出し、5回繰り返す。

体中に声が響く感じがおわかりになるのではないでしょうか。

なぜ「ま」かというと、五十音のなかでも「マ行」は「鼻音」といって、鼻に響かせて声になる音だからです。

「あ」は鼻に響きません。

試しに鼻をつまんで「ま」と「あ」をそれぞれ声に出してみてください。「ま」は鼻に響き、「あ」は響いていないことがわかるはずです。

「体中に響かせる」感覚をつかむためには、マ行が最適というわけです。

何回か練習することで、頭に響かせながら声を出す感覚がつかめるようになります。鼻に響かせると、柔らかく魅力的な声質になります。

鼻音で柔らかい声質をつくる

① まっすぐに立ち、左手はお腹の上に置く

② マーライオンが口から水を吐くように、「マーーー！」と2秒かけて発声すると同時に、矢印のように右手も動かす（5回）

頭に響かせながら声を出す感覚がつかめるようになる

〈2秒×5回トレ〉

「パオーンぞうさん」でのどをラクにする

人と話すときの第一声で、「のどが詰まる」感じがして、声が出しにくいという経験のある人は多いかもしれません。

特に電話応対など、声を使って仕事をする人にとっては、放っておけない悩みです。

のどが詰まったように感じる理由は、声を発するときに、のどにグッと力を入れるクセがついているからです。

上半身に力が入ると胸式呼吸になってしまい、伸びやかな声が出ません。

声を出す際には全身の力を抜くことが基本です。

「パオーンぞうさん」で力を抜いて声を出す方法を身につけましょう。

①体の力を抜いて上体を前に曲げる。腕や頭はだらんと垂れた状態。
②腕を大きく前後にぶらりぶらりと振る（象さんの鼻をイメージ）。上半身もその反動で前後に少し揺れる。
③腕が頭の上に来たときに「パ」、腕を振り下ろしながら「オ〜〜〜ン」と2秒かけて元気よく声に出す。
（5回繰り返す）

腕を前に振り上げて、後ろにぶらんと振り下ろすときに、腕の反動をイメージして声を乗せるようにしましょう。

恥ずかしがっていてはトレーニングになりませんから、誰も見ていないところで、思いきってやってくださいね。

「パオーンぞうさん」の動作をすると、どんな人でも上半身に力を入れられない状態になります。

力を抜いて声を出すトレーニングとして最適です。

最初「パ」から始めているのは、「パ」は破裂音で口を大きく開けて発音するので、その勢いを使って声を出すのに適しているからです。

どうしてもコツをつかめない人は、最初は②の動作をしながら「お――」と発声してみてください。

力を抜きながら発声する感覚がわかると思います。

「パオーンぞうさん」のトレーニングで、**のどの力を抜いて声を出す感覚がわかると、普段の第一声もラクに出せる**ようになります。

力を抜いて声を出す

① 全身脱力する

② 腕を振り上げて、「パ」

③ 腕を振り下ろしながら、「オ〜〜〜ン」

✓ ②と③の動作を
2秒かけて
5回繰り返す

のどの力を抜いて声を出す感覚がわかると、普段の第一声もラクに

声がよく通り響くための発声――❻〈10秒トレ〉

「カラスの鳴き声」でカリスマ声に

優れた営業成績を収める営業マンや統率力あるマネジャーなど、**一流ビジネスパーソンに共通していえるのは、いい声をしている**ということ。

落ち着いた低音で、響きが素晴らしいというだけでなく、大きい声・小さい声を絶妙に使い分けている人が多いのです。

たとえば商品メリットの説明など、しっかりと理解してもらいたいときは、少し大きめの声で話します。

「この物件は、築年数は少し古いですが手入れが行き届いているので、建物に大きな問題はありません。それに……」

相手の興味を引きたいときは、あえてささやくような小声で。

「ここだけの話、この物件、ある事情があって今だけお買い得になっているんですよ。じつはね……」

このように、声の強弱を上手に使い分けています。

会社でトップを取るようなカリスマ営業マンの声は、まるで音楽のように心地よいもの。聞いていてうっとりするほどです。

そのような人はおそらく、どんな商材を扱っても優れた成績を残せるのではないかと思います。

吐く息の量で声の大きさを調整する

では、そんなカリスマのように、声の強弱を巧みに操るためのトレーニングを紹介しましょう。

①カラスの鳴き声をまねて、大きい声と小さい声で10秒かけて1セット。
②「カァ〜〜〜カァ〜〜〜」(大きい声で5秒)。
③「カァ〜〜〜カァ〜〜〜」(小さい声で5秒)。

これだけです。本物のカラスのような、よく伸びる声が出せましたか?

簡単なようで、意外と難しいと感じたのではないでしょうか。

大事なのは恥ずかしがらずに、大きな声を出すこと。

たとえば、駅のプラットフォームにいて、向こう側のプラットフォームにいる人に声を届かせるくらいのイメージで、思いきって声を出してみてください。

そして小さな声を出すときには、発声の仕方はそのままに、「吐く息の量」を減らしてみてください。

声の大きさは吐く息の量でコントロールできることがわかると思います。

大きい声・小さい声を使い分ける

① 駅の向こう側のプラットフォームにいる人に声を届かせるイメージを持つ

② カラスの鳴き声を大きい声で5秒

③ カラスの鳴き声を小さい声で5秒

声の大きさは吐く息の量で
コントロールできることがわかる

滑舌や声質をコントロール――❶〈2秒×5回トレ〉

大事なビジネストークの前は、「あっかんべぇ」が最高に効く

商談や会議など、大事なビジネストークの場面では、よどみなく流暢に話をしたいもの。

でも緊張のあまり、噛んでしまうことってありますよね。

噛んだからといって相手は意外と気にしないものなので、本人も普通にしていればいいのですが、なかには気にして焦ってしまう人もいます。

余計に緊張してさらに噛み噛みになる……という悪循環にハマってしまうことも。

噛む（言葉に詰まったり、滑らかに言葉が出なかったりすること）、あるいは滑舌が悪くなってしまうのは、口や舌がうまく動いていないことが原因です。

つまり、口や舌を動かす筋肉が硬くなっていて、自分の思い通りになっていないのです。

大事なビジネストークの際に噛まないようにするために、超簡単にできて、かつ効果テキメンなトレーニング方法をご紹介しましょう。

舌の動きが滑らかになるストレッチ

その前にまず、普通の状態で「らりるれろ」と言ってみてください。

言いにくいですよね。ラ行は口や舌を細かく動かす音で、さらに連続で発声するとなると難しさが倍増するからです。

ではトレーニングです。

①「あっかんべぇ～～～～～～」と思いっきり舌を出し、下方向に2秒かけて伸ばす。
(5回繰り返す)

たったこれだけです。

そしてまた先ほどのように「らりるれろ」と言ってみてください。

いかがですか？

さっきよりも簡単に、そしてはっきりと発声できたのではないでしょうか。
舌を伸ばすことで、舌や口の周りがストレッチされたからです。
人と話す前にぜひやってみてください。噛まずに滑らかにトークができます。

舌の動きが滑らかになる

① 思いっきり舌を出し、下方向に2秒かけて伸ばす（5回）

「らりるれろ」が言いやすくなる

舌を伸ばすことで、舌や口の周りがストレッチされる

滑舌や声質をコントロール――❷〈2秒×5回トレ〉

「酔っ払いカエル」でダントツの美滑舌になる

日本人は舌をたくさん使う「ラ行」の発音が苦手です。

英語の「L」と「R」をうまく使い分けられないのも、日本語にない舌の動きをするからなのでしょう。

英語圏の方が英語を話すときの舌は、おそらく日本人が日本語を話すときの倍くらい動いているはずです。

もともと舌の動きが少ない日本人ですが、歯のかみ合わせが悪かったり、年を取って舌が硬くなったりすると、さらに滑舌が悪くなります。

多くの日本人が苦手としているラ行を明瞭に発声することができれば、ビジネスシーンにおいても相手にとてもいい印象を与えることができます。

読むだけで舌を鍛える

舌の動きを鍛えて、美しい滑舌を手に入れるトレーニング方法がこちらです。先ほどの「あっかんべぇ〜〜」のストレッチを十分にしてから、次の文を読んでください。

①カエルの鳴き声をまねて、次の文を2秒かけて5回繰り返す。
②「ケロケロケロケロ　ケロケロカエル」。

ラ行を発音するとき、口のなかで舌先は前のほうにあります。反対にカ行を発音するとき、舌は奥のほうへ引っ込みます。ラ行とカ行を交互に発音するこの文章は、舌を前後に忙しく動かさなければならないので、とても難しいのです。

難しいだけに、読みこなせるようになれば、ダントツの美滑舌を手に入れられますよ。

つっかえて難しいようなら、少しゆっくりと、2音のうち最初の音にアクセントを置き、

「ケロ、ケロ、ケロ、ケロ」と区切りながら読んでみてください。

スムーズに発音できるはずです。

早口言葉のように急いで読む必要はありませんが、あまりにテンポがスローすぎるとトレーニングの意味がなくなってしまいます。

慣れてきたらだんだんとテンポを上げていき、普通にしゃべるスピードで読めるようになるまで練習してください。

また、読んでいる最中に時々お腹を触って、腹式呼吸ができているかどうかをチェックしましょう。

そして、次の文章をつかえることなく読めるようになれば、十分です。

ケロケロケロケロ　ケロケロカエル
レロレロレロレロ　レロレロカエル
ヨロヨロヨロヨロ　ヨロヨロカエル
ゲロゲロゲロゲロ　ゲロゲロガエル
ヘロヘロヘロヘロ　ヘロヘロカエル

読むだけで舌を鍛える

① 2音のうち最初の音にアクセントを置き、「ケロ、ケロ」と区切りながら1文を2秒で読む

ケロケロケロケロ　ケロケロカエル
レロレロレロレロ　レロレロカエル
ヨロヨロヨロヨロ　ヨロヨロカエル
ゲロゲロゲロゲロ　ゲロゲロガエル
ヘロヘロヘロヘロ　ヘロヘロカエル

✓ 慣れてきたらだんだんとテンポを上げていく

ラ行とカ行を交互に発音することで、舌を前後に忙しく動かす

滑舌や声質をコントロール――❸〈5秒×5回トレ〉

「だらだりだるだれだろう」で正しい発音に

落語などに登場する「べらんめぇ調」の江戸っ子は、「し」と「ひ」の発音が区別できずに、「潮干狩り」が「ひおしがり」になったりしますが、現代にも二つの音を区別して発音することが苦手な人はいます。

たとえば、「ダ行」と「ラ行」が混ざり、「知らない」を「しだない」、「ありがとう」を「あでぃがとう」と発音してしまっている人です。

ダ行の発音とラ行の発音は舌先を置く位置が近いので、きちんと使い分けなければ音が似てしまうのです。

二つの音が完全に混同されている人は少ないのですが、「よく聞いてみると、たまに混ざっている」「微妙に舌っ足らずになっている」というレベルの人なら、たくさんいます。

本人は気づいていないのかもしれませんが、聞いているほうとしては少々違和感があります。

特にビジネスシーンにおいてはいただけません。

タレントの山瀬まみさんのような舌っ足らずなしゃべり方も、テレビタレントとして見ればかわいらしいのですが、ビジネスの現場でやられると非常に幼い印象を受けてしまいます。

「だ」と「ら」が言い分けられるようになる訓練

では、ラ行がうまく話せるようになるトレーニング方法をご紹介します。

①次の文を5秒で読む。難度が高いので、フレーズとフレーズの間はしっかり間を取って、5回繰り返す。

②「だらだりだるだれ　だらだりだるだれ　だらだりだれだろう」。

これを読んで「だ」と「ら」が混ざってしまう人、噛んでしまう人は、普段からダ行とラ行の使い分けができていない可能性があります。

読むのがどうしても難しい場合は、腹式呼吸を意識して、「だ」で強く息を吐きながら声を出すようにしてみてください。言いやすくなります。

普通に読めるという人も、本人がまちがった発音に気づいていないだけかもしれないので、一度録音してチェックしてみてくださいね。

スラスラと言えるようになるまで繰り返し練習すれば、発音の誤りを解消できます。

正しい発音を手に入れる

① ダ行とラ行の発音は舌先を置く位置が近いので、きちんと使い分けて5秒で5回繰り返す

だらだりだるだれ
だらだりだるだれ
だらだりだれだろう

スラスラと言えれば、発音の誤りを解消できる

滑舌や声質をコントロール――④〈5秒×2回トレ〉

「ムンクの叫び」トレで落ち着きのある低音をつくる

序章でも説明しましたが、男性でも女性でも、低音ボイスは魅力的に聞こえます。

特にビジネスの現場では**高音よりも低音のほうが、「落ち着いている」「しっかりしている」という印象を相手に与えることができる**ので好都合です。

しかし、普段から低音で発声している人は、日本人ではあまりいません。

ボイストレーニングの生徒さんに、「腹式呼吸で、自分が一番出しやすい音を出してみてください」とやってもらうと、ほとんどの人は中くらいから高音までの間の音域を使っています。

普段低音で話していない人が、いざというときに低音で話そうと思っても、うまくできるものではありません。

無理に低音を出そうとして、のどを締めてつぶれたような声になってしまう人もいます。

低音の位置を体で覚える

低音がうまく出せない人、地声が高音の人が、低音を出せるようになるトレーニング方法を紹介します。

題して「ムンクの叫び」。

①両手を肩幅くらいに広げて上に挙げる。
②自分が腹式呼吸で出せる一番高い声で「あ〜〜〜〜」。
③声を出しながら手をゆっくり下ろしていき、それにつれて「あ〜〜〜〜」の声も高音から低音に向かってなだらかに音程を下げていく。
④途中で「ムンクの叫び」ポーズを通過して、最後は胸に手を持っていく。このときに最も低い声になるように「あ〜〜〜〜」。
(①から④まで5秒かけて2回繰り返す)

つまり、ずっと「あああ〜〜〜」と声に出しながら、上から胸まで手を下ろしていき、その動作とともに音程を下げていくということです。

低音を出すときには、吐く息の量が少なくなっていることを確認してください。

このトレーニング方法をきちんと実践できれば、最後の段階で吐く息の量は自然に少なくなり、ふんわりと低音を出すことができているはずです。

また、最後に低音を出しながら、声が胸に響いているかどうかも確認しましょう。

胸に響かせることを意識することで、魅力的な低音ボイスをつくることができます。

このようにして低音を出す位置を体で覚えることで、普段から低音ボイスを使えるようになるのです。

落ち着きのある低音をつくる

①両手を上に挙げて、一番高い声で「あ〜〜〜〜」

②声を出しながら手をゆっくり下ろし、音も低くしていく

③「ムンクの叫び」ポーズを通過して、最後は胸に手を持っていく

①〜③を5秒かけて
2回繰り返す

胸に響かせることを意識することで、
魅力的な低音ボイスをつくる

滑舌や声質をコントロール――❺〈0秒トレ〉

「にっ!」とするだけで、印象アップの声になる

ビジネスの現場において、**第一印象の大切さを実感する**ことは少なくありません。

たとえば、誰かと初めて対面したとき、「なんだか冷たくてこわそうな人だな」と先入観を持ってしまうと、そのイメージを後々まで引きずってしまい、良好な関係を築くのに時間がかかるということがあります。

反対に、第一印象でポジティブなイメージを持った人とは、スムーズに打ち解けられるということもあるでしょう。

人と会うことが多い営業マンならなおさら、相手にどのような第一印象を与えるか、気を使っている人は多いと思います。

第一印象をよくするためには、見た目はもちろんのこと、声も大事です。

たとえば声の高さは、普段の会話のときは低音ボイスでもいいのですが、初対面のあいさつのときから低音では、少し無愛想な感じがしてしまうかもしれません。

少しトーンを上げて、明るくあいさつをしたほうが、相手にポジティブな印象を持ってもらうことができます。

話し始めの声を明るくする方法はとても簡単です。一瞬で終わります。

①話す前に、まず「にっ!」と笑うこと。

これだけで口角が上がり、口の開きがよくなり、明るい印象の声を出すことができます。

また、笑顔になることで頬骨が上がり、空間が生まれます。

空間ができるということは、音が共鳴しやすくなるということ。

笑顔で話すことは、よく響く声を出すためのテクニックでもあるのです。

ソプラノ歌手を思い浮かべてみてください。

常に頬骨を思いっきり上げた状態で歌っていますよね。

あれも、声を共鳴させるための一つのテクニックなのです。

そして当然、笑顔をつくれば、声だけでなく見た目でもいい印象を与えられます。

「にっ！」を練習するときには、ぜひ鏡の前でやって、笑顔をチェックしてください。

自分では笑顔をつくっているつもりでも、他人が見たらほとんど笑っていないということもあるからです。

笑顔ができていないと、声もこもったり、怒ったりしているように聞こえてしまいます。

人と会うときはまず「にっ！」、これをいつも思い出してください。

話し始めの声を明るくする

**✕ なんだか
冷たくてこわそうな人**

**○ 第一印象で
いいイメージを持たれる人**

**話す前に、「にっ！」と笑うだけで、
明るい印象の声を出せる**

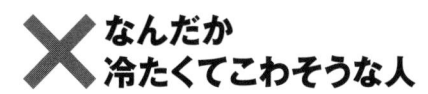

滑舌や声質をコントロール――❻〈5秒トレ〉

鼻づまり声の人は、口から思いっきり息を吐く

「よく聞き返される」

「滑舌が悪い」

「声がこもりがち」

そんな悩みを持つ人はたくさんいます。

特にアレルギー性の鼻炎や花粉症の方は、鼻づまり声とも相まって、聞き取りにくい声になりがちです。

声がこもる人の特徴として、「声を出すときに鼻にかかりすぎている」という傾向があります。

どういうことか、テストしてみましょう。

指で鼻をつまんで「あいうえお」と言ってみてください。

このとき、鼻が響いていなかったら、それは正しく発声ができている証拠です。

ご安心ください。

反対に、鼻が響いているのを指先に感じたら、発声が鼻にかかりすぎているということ。

正しい発声ができていません。

正しく発声できていない人が鼻づまりになってしまったら大変です。

「ヤバイよヤバイよ」でお馴染みの芸人の出川哲朗さんのような、思いっきり鼻にかかるダミ声になってしまいます。

鼻にかからない声を出すためのポイントは、口からたくさん息を吐くこと。

人にもよりますが、いつもより強く、瞬発力をつけた息を出すと声がクリアになります。

①まず鼻をつまむ。
②そして腹式呼吸を意識して、口から思いっきり息を吐きながら、「あいうえお」と声に出す。
③鼻から指を外し、その発声方法のまま「こんにちは」と言う。

何回かやるうちに、鼻にかからない発声方法をつかめるはずです。

いかがですか？　この一連の流れを5秒でやります。

自分でもわかるほど、通りやすい、いい声が出たのではないでしょうか。

鼻炎や花粉症、風邪で鼻が詰まっているときは、まずは耳鼻咽喉科に行くことが大切ですが、それでも鼻づまりはなかなか解消しないもの。

でもこの発声方法を使えば、鼻が詰まっているときでも聞き取りやすい声を出すことができます。

鼻にかからない発声方法をつかむ

① 指で鼻をつまんで
口から思いっきり息を吐きながら、
「あいうえお」

② 鼻から指を外し、同じ発声で
「こんにちは」

**鼻が詰まっているときでも
聞き取りやすい声が出せる**

第2章

ビジネスの現場で役立つ「言葉」と「話し方」

ビジネス現場で当たり前に使われている決め文句も、声の出し方で成果は180度変わるのです。

信頼感と説得力が加わる──❶

自分に聞こえている声と他人の聞いている声は恐ろしく違うことを知る

みなさんは自分の声を録音して聞いてみたことがありますか？

何らかの形で聞いたことがあるという人が多いと思います。そして、「なんだか変な声だな」と感じたのではないでしょうか。

声が変に聞こえるのは正しい感覚です。

録音した声は外から耳に入ってくるのに対して、自分の発する声は、体内で頭蓋骨などを振動させながら耳に届くからです。

空気を振動させて外部から耳に届く声と、骨伝導で耳に届く声では音が違うために、自分の声に違和感を覚えてしまうわけです。

普段自分が聞いている自分自身の声と、他人が聞いている自分の声（録音して聞いた声）

は、まるで違うということを、まず知ることが大切です。

「声が暗い」とクレームが来た女性事務員

あるとき、私のスクールに20代の女性がやってきました。会社の上司に話し方を直すように言われて、強制的に通うことになったとのこと。

その声は確かに暗くていい印象は受けません。

電話応対をしていて、「おたくの事務員は感じが悪い」とクレームが来ることもあったそうです。

しかし本人は、普通に話しているつもりなのに、なぜクレームが来るのかわからないと言います。

そこで彼女の声を録音して聞かせてみると、「え……」と絶句していました。

もちろんその後、トレーニングしてもらい、とても明るい声に変わってもらうことができました。

航空管制官の男性が相談に来たこともあります。飛行機に指示を出すときの声が「聞き取りにくい」と言われたそうです。

やはり録音して聞かせたところ、「確かにこれは聞き取りにくいですね」と納得して、トレーニングを受けてくれました。


そういう私も、自分の声をよく理解していませんでした。

ボイストレーニングの仕事を始めたばかりの頃、張り切って30万円もする会議室を借りて無料セミナーを開催したことがあります。

たくさんの人を集めて話を聞いてもらったのですが、実際にお客様になってくれた人は……なんと「ゼロ」でした。

なんでだろうと受講者アンケートを見てみると、講師である私の声に対する意見が多数書かれていました。

ビジネス向けのボイストレーニングなのに、講師である私がキャピキャピとした声だったのです。

私も録画したセミナーの声を聞き返してみて、納得しました。これでは受講しようという気にならないのも無理はありません。

それからは話し方を修正して、セミナーのときには落ち着いた低い声で話すようにしています。

また、講義の内容を録音して事前にチェックするようにもなりました。

嫌がっていてはいい声になれない。まずは録音

多くの人は、「自分に聞こえている声」と「他人が聞いている声」にかなりのギャップがあることに気づいていません。

大切なのは、「他人が聞いている声」を知り、悪いクセを直すことです。そのためには自分の声を録音して確かめてみる必要があります。

「自分の声を聞きたくない」という人もいると思います。でも、録音した声が、あなたの本当の声です。この事実を受け止めなければ、いい声になることはできません。

特に「普段からよく聞き返される」「声が通らない」という人は、発声に何らかの問題があります。一度録音して、どこに問題があるのかを考えてください。

最近ではスマホでも無料の録音アプリがありますから、面倒くさがらずに録音してみましょう。もちろん、ボイスレコーダーやビデオカメラでも録音はできます。

録音する内容は「自己紹介」「今日1日の出来事」「自分の故郷の紹介」など、何でも構いません。数十秒程度、ボイスレコーダーの前で話してみてください。

そして、その声を他人が聞いたら客観的にどういう印象を受けるか、聞き取りにくい部分はないか、早口すぎないか、語尾を伸ばすなどの変なクセがないかをチェックしてください。

自分のクセがわかったら、本書のトレーニング方法を参考に、意識して直すようにしましょう。それだけでも、だいぶいい声に近づくことができるはずです。

信頼感と説得力が加わる――❷

「単語の頭で息を吐く」だけで力強くなる

第1章で腹式呼吸の練習をしましたが、トレーニングとしての腹式呼吸はできていたとしても、普段話すときにはそれを忘れてしまいがちです。

いい声を出すうえで腹式呼吸は絶対に欠かせないものですから、いろいろな方法を駆使して、**普段から腹式呼吸で会話できるようになっておくことが大切**です。

実際に人と話すときに、腹式呼吸で発声しながら話せるようになる、とても簡単な方法があります。

「単語の頭で息を吐く」です。

ニュースを読むアナウンサーをよく観察してみると、読み始めから最後までほぼ一定の強さで声を出していることがわかります。

同じことをボイストレーニングをしていない人がやってみると、意味のないところで力んでしまったり、文章の最後のほうでは息が続かなくて弱くなったりと、なかなか安定して読めません。

長い文章を一気にしゃべろうとするから、意図しない部分で力んでしまったり途中で息切れしたりするのです。

文章を一定の強さで読むためには、一つひとつの単語もしくはフレーズを意識してはっきりと発音する必要があります。そのためのポイントが、「単語（またはフレーズ）の頭で息を吐く」です。

単語というのは、だいたい2文字から6文字でできています。その最初の文字で強く息を吐くことで、息のコントロールがしやすくなります。

自然と腹式呼吸になりやすく、**一定の調子で文章を読めるようになる**のです。

また、一つひとつの言葉が立って、相手の聴覚に届きやすい声になります。噛みにくくなる効果もあります。声がきれいなアナウンサーはみなさん、この発声を無意識のうちに行っています。

では実際に、単語の頭で息を吐くイメージで自己紹介をしてみましょう。

「かぶしきがいしゃビジヴォのあきたけともこです。よろしくお願いします」

読んでいるときに、口から0・5～1センチくらい離したところに手を当ててみてください。単語の頭を発声したときに、息が少しでも感じられるようであれば、腹式呼吸ができています。

息が感じられなかったら、胸式寄りになっているので、もう少し強めに息を吐くようにします。

次の文章でも同じようにやってみて、単語の頭で息を強く吐く練習をしてみましょう。

「いつもおせわになっております」
「またぜひ、さんかさせてください」

「ひさしぶりにお目にかかれて、とてもうれしいです」
「わたくしのしゅみはびしょくですが、なんでも食べます」

この方法で話してみても、本人はさほど変わったように感じられないかもしれませんが、他人が聞いてみると大きな違いが感じられます。

スピーチやプレゼンテーションのときだけでなく、普段のあいさつや自己紹介のときでも、この方法は効果的です。

腹式呼吸で発声しながら話す

▶単語の頭で息を強く吐く練習

「いつもおせわになっております」

「またぜひ、さんかさせてください」

「ひさしぶりにお目にかかれて、
とてもうれしいです」

「わたくしのしゅみはびしょくですが、
なんでも食べます」

**読み始めから最後まで
ほぼ一定の調子で声を出せるようになる**

信頼感と説得力が加わる――❸

大事なことを言うときの「ハメタメ法」

聞いている人に必ず理解してほしい、これだけは特に伝えたいというポイントを、相手の印象に残るように話すにはどうすればいいでしょうか。

「ハメタメ法」を使うのです。

「ハメる」というのは、単語の頭で息を吐くようにきっちりと発声すること。これについては、前述した「単語の頭で息を吐く」を参考にしてください。

そして「タメる」は、大事な言葉を言う前に少し間を置くこと。

たとえば、次の文章を声に出して読んでみましょう。

「では明日の3時半に、原宿駅の竹下口でお待ちしております」

これだけではサラッと聞き流されてしまい、大事なポイントが相手の記憶に残らない可能性もあります。

後から、「何時だったたっけ?」「何口で待ち合わせだったかな?」などと問い合わせされてしまうかもしれません。

そこで、ハメタメ法です。

「では明日の3時半に、(……)はらじゅく駅のたけした口で、お待ちしております」

「このサプリメントは、(……)びようとけんこうに最適です」

このようにして間を取り、重要な単語はハメて話すだけで、相手の印象に残りやすくなり、きちんと伝わります。

間はほんの少し、1秒程度で構いません。つばを「ごっくん」と飲み込むくらいの時間で十分です。

たったそれだけのタメでも、相手にとっては印象に残る話し方になります。

普段の会話でハメタメ法を意識する必要はありません。相手に対して、ここだけは理解してほしいというときに使うことで効果が増します。

また、スピーチやプレゼンなどで大勢の前で話すときには、タメを長く取るようにすると視線が集まるので、いいでしょう。

印象に残る話し方になる

「ハメタメ法」の練習

「では明日の3時半に、

（……）

はらじゅく 駅の たけした口 で、

お待ちしております」

「このサプリメントは、

（……）

びょう と けんこう に最適です」

相手に対してここだけは理解してほしいというときに使うと効果的

信頼感と説得力が加わる——❹

吐く息の量を調整するだけで、聞き返されない大きい声が出る

職場での会話や会議のなかで、やけに声が大きい人っていますよね。

そして**声が大きい人の意見は、なぜか通りやすい**。

同じような話をしていても、声が大きい人の話には魅きつけられてしまう。そんなふうに感じた経験はないでしょうか。

であれば、小さい声を出している人はいつも損をしているかもしれません。

バカでかい声は迷惑ですが、ある程度は大きな声を発したほうが、ビジネスを有利に進められます。

とはいえ、そもそも日本人は声が小さい国民です。それは、日本語がそういう構造になっているからです。

日本語は吐く息の量が少なくても話せる言語

街中や電車のなかで会話している外国人同士を見て、「なんであんなに声が大きいんだろう」と不思議に思った経験がある人は多いと思います。

しかし彼らにとっては、自分たちが大きな声で話しているという感覚はありません。彼らにしてみれば日本人こそ「声が小さい国民」なのです。

欧米人に比べるとアジア人は総じて声が小さいのですが、なかでも日本人の声の小ささは際立っています。

その理由は、控えめな国民性というのもありますが、日本語が独特な言語だからです。日本語の最も大きな特徴は、ほとんど「無声音」がないこと。

言語には声帯を使う「有声音」と、声帯は使わずに息だけで発声する「無声音」がありますが、日本語は有声音が大半を占め、息を強く吐かなくても多くの言葉を発声できます。そのため、自然と胸式呼吸になりやすいのです。

ただ日本のなかでも、声が大きい人たちはいます。たとえば関西人。関西弁は言葉に独特のアクセントがあるため、腹式呼吸になりやすく、声が大きくなる傾向にあります。関西芸人の方なんて、ものすごく声が通りますよね。

反対に東北弁は、口の開きが小さく、声も小さくなりがちなのが特徴です。

では、どのようにすれば大きな声を出せるのでしょうか。それは今までも何回か説明した通り、腹式呼吸で、強く息を吐くように発声することです。

練習方法としては、次のような英語の単語を発音してみてください。


「DOG」「FOX」「CAT」「PIG」


お腹に手を置いて、発声したときにお腹が少しへこんでいるかを確認しながら、強く息を吐いて発声してください。何度か繰り返すと、腹式で発声する感覚がつかめます。

注意したいのは、大きな声を出そうとするあまり、大きく息を吸いすぎて、首や肩の周りに力が入ってしまわないようにすること。力が入るとのどが締まり、いい声が出にくくなります。

声を出すときには肩や首、胸のあたりはリラックスさせることが大切です。

聞き返されない大きい声が出る

▶吐く息の量を調整する

何度か繰り返すと
腹式で発声する感覚がつかめるようになる

説得力を増すための「Sの法則」
～「させて」を改善する

営業マンがよく使う言葉に**「～させていただきます」**があります。

「商品について説明させていただきます」「金曜日はお休みさせていただきます」など、何気なく使っている人も多いのではないでしょうか。

この「～させていただく」は間違った日本語であるという説もありますが、文化庁の「敬語の指針」によれば、「相手側又は第三者の許可を受けて行い」「そのことで恩恵を受けるという事実や気持ちのある場合」に使うのなら「適切な範囲」だということです。

たとえば「発表させていただきます」は、相手に時間をもらって、提案を聞いてもらうのですから、許可も恩恵も受けているということで、おかしくはない表現になります。

一方で、「私は○○高校を卒業させていただきまして……」などと言う場合は、相手とは関係なく成立する話なので、不適切な使い方となります。

日本語って難しいですね……。

単語を区切ってしっかり発音する

敬語として正しいかどうかはさておき、この**「〜させていただきます」**はビジネスパーソンの日常会話に浸透している言葉です。

相手を立てて柔らかい印象を与えるので、仕事上、よく利用するのではないでしょうか。利用機会が多い言葉ですが、口に出すと難しく、噛みやすいという難点があります。

「させていただきます」と言えずに、「さしぇていただきます」「さしていただきます」などと、おかしなことになっている人がよくいます。自分ではそれほど気にならなくても、相手にとっては「たどたどしい」感じがして少し気になるものです。

噛みやすいのは、日本語のなかでも特に発音するのが難しい「サ行」が連続して2回も出てくるからです。サ行は摩擦音といって、もともと言いにくい文字です。そして年齢を経るにつれて、サ行の発音はどんどん難しくなります。

現役アナウンサーでさえ噛んでしまうサ行ですが、簡単にはっきりと言えるようになる方法があります。それは、**「単語を区切って強く息を吐き直す」**こと。

「3時にお電話させていただきます」
「ご提案させていただきます」
「こちらも協力させてもらいます」
「明日お伺いさせていただきます」
「ぜひぜひ参加させてください」

と一気に言おうとするのではなく、

「3時に／お電話／させて／いただきます」
「ご提案／させて／いただきます」
「こちらも／協力／させて／もらいます」
「明日／お伺い／させて／いただきます」
「ぜひぜひ／参加／させて／ください」

単語を区切ってしっかり発音する

▶単語を区切って
強く息を吐き直す練習

「3時に／お電話／させて／いただきます」

「ご提案／させて／いただきます」

「こちらも／協力／させて／もらいます」

「明日／お伺い／させて／いただきます」

「ぜひぜひ／参加／させて／ください」

日本人が苦手なサ行が、
簡単にはっきりと言えるようになる

というふうに、「／」のところでしっかりと区切り、一つひとつの単語をしっかりと発音することで噛まずに発音することができます。

なお、同じサ行でよく使う言葉に**「そうですね」**があります。これは「させて」ほど言いにくくはありませんが、頻繁に利用することで信頼感や説得力が増す言葉といえます。

お客様の話を聞いているときに「はい」「はい」とだけ相づちを打っていては、ちょっとそっけない印象を与えてしまいます。

「そうですね」「それは大変でしたね」「そう思います」などと、「そ」で始まる相づちを多く使ったほうが、相手に対してより共感を示していることになり、相手の気分を高めることができます。

信頼感と説得力が加わる――❻

稼ぐビジネスパーソンが必ずやっている声の使い方の共通点

私の夫が生命保険に入る際に、何社もの保険会社の営業マンを呼んで、それぞれ提案をしてもらったことがあります。

私は横にいて、みなさんの話し方の違いを聞いていたのですが、「この人からは契約したくないな」と思わせる営業マンには二つのタイプがいることに気づきました。

一つは「口から生まれたかのように、とにかくペラペラとよくしゃべる人」。商品説明はうまいかもしれませんが、なんだか軽薄な印象を受けてしまいます。

もう一つのタイプは、「話し方に覇気がなく、弱々しい感じの人」。この人に任せていいんだろうかと不安にさせられます。

では、どういうタイプなら契約したくなるかというと、**自分が話すよりも、お客であるこちらの話をよく聞いてくれる人**です。

多くの営業本にも書かれているように、自分が話すよりも、お客様に話をさせることが営業で成功する秘訣です。

リフレクティングで共感を示す

さて、相手の話をじっくり聞くときに使えるテクニックをいくつかご紹介しましょう。

まずは**「リフレクティング」**です。相手の言った言葉をそのまま「オウム返し」する話法です。たとえば、こんな感じに使います。

相手「勇気を出してスクールに来ました。若い頃からずっと声に悩んできたんです」
自分「**ずっと悩んできたんですね**。具体的にはどのようなところを？」
相手「人から聞き返されてしまうことが多いんです」
自分「そうですか。**聞き返されることが多いんですね**」

単に相手の言葉を繰り返しているようにもとれますが、相手にとっては自分の気持ちに共感を示しているように感じられます。

このテクニックを使うことで、スムーズに会話が続きますし、相手との間に少しずつ信頼関係を築くことができます。

ポイントは、「～ですね」「～ですか」の語尾を上げること。

抑揚なくフラットに「聞き返されることが多いんですかー（↓）」と言うと、冷たい印象を与えてしまいますが、「聞き返されることが多いんですか？（⤴）」と語尾をしっかりと上げれば、より親身になっている雰囲気を出せます。

ペーシングで一体感を醸成

もう一つのテクニックが「**ペーシング**」です。これは相手のペースに合わせて話すこと。

ゆっくりと話す人は、ゆっくりとしたペースで物事を考えているもの。そんな人に対してこちらがマシンガントークで話しては、混乱させてしまいます。

また、早口でせわしなく話す人に対しては、こちらもある程度のスピードで話さなければイライラさせてしまいます。

早さだけでなく、声の大きさ、身振り手振りなど、相手に合わせた話し方をすることで、自分と相手との間に一体感が生まれて、相手は安心して自分のことを話してくれるようになります。

相手の言った言葉をそのまま返す

▶リフレクティングで共感を示す練習

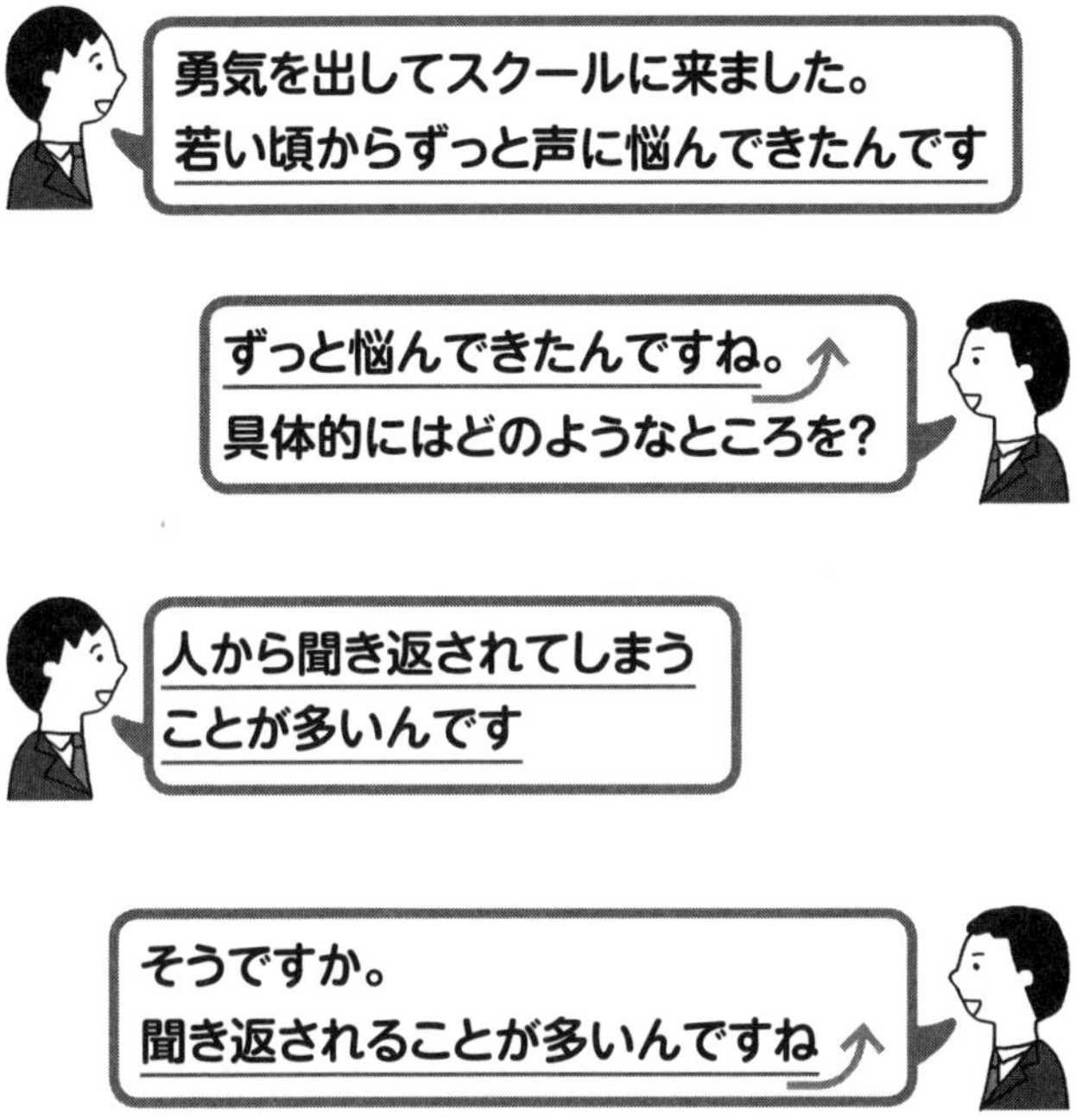
勇気を出してスクールに来ました。
若い頃からずっと声に悩んできたんです
ずっと悩んできたんですね。
具体的にはどのようなところを?
人から聞き返されてしまう
ことが多いんです
そうですか。
聞き返されることが多いんですね

相手の話をじっくり聞けるようになり、
ペースも合わせるようになる

信頼感と説得力が加わる――❼

下あごを下げるだけで明瞭な発音で話せる

トークを中心にビジネスを進めていく人にとって、「暗い声」や「不明瞭な声」は致命的な欠点です。

いくらいい内容の話をしていたとしても、なんだか熱意を感じられず、頼りないように思えてしまいます。また、たとえば商品説明をする際の話し方が不明瞭だと、聞き手の理解も不十分になってしまうのではないでしょうか。

ところが、特に男性にはこのタイプが結構多いんですよね。その大きな原因は、口の周りの筋肉が動いていないことにあります。

口角が上がっていないし、上唇が下唇に張り付いているんじゃないかというくらい動かない。

口が動いていないということは、口の開きが小さく、口のなかにできる空間が狭いということ。「体は楽器」と説明しましたが、口のなかの空間が狭いと、音が響きづらくなり、いい声が出ません。また唇を使った細かい動きもしづらいので、言葉が不明瞭になってしまいます。

口の開きは大きすぎるのもよくありませんが、小さすぎるとちゃんとした声が出ないのです。

口角を上げて話せば自然と口が動くようになるのですが、口角を上げるのがつらい、あるいは恥ずかしいという人もいると思います。また、口角を上げすぎると口の周りがガチガチに緊張してしまいます。

以前、コールセンターに勤める女性がレッスンに来たことがあります。

その方は長年「口角を上げて話しなさい」と徹底指導された結果、やはり口の筋肉が硬くなってしまい、発音が不明瞭になっていました。言葉の出口である口や顔の筋肉は、力みすぎてもいけないのです。

そこでもっと簡単な方法が、**「下あごを下げる」**です。

口は横よりも縦のほうが開けやすく、かつ横に上げたときよりも口のなかの空間が広くなります。

話すときに下あごを下げることを少し意識するだけで、息が出しやすくなって、よく共鳴して、いい声が出せるようになります。

大事な商談のときなどは、下あごを下げることを意識してみましょう。

明瞭な発音で話す

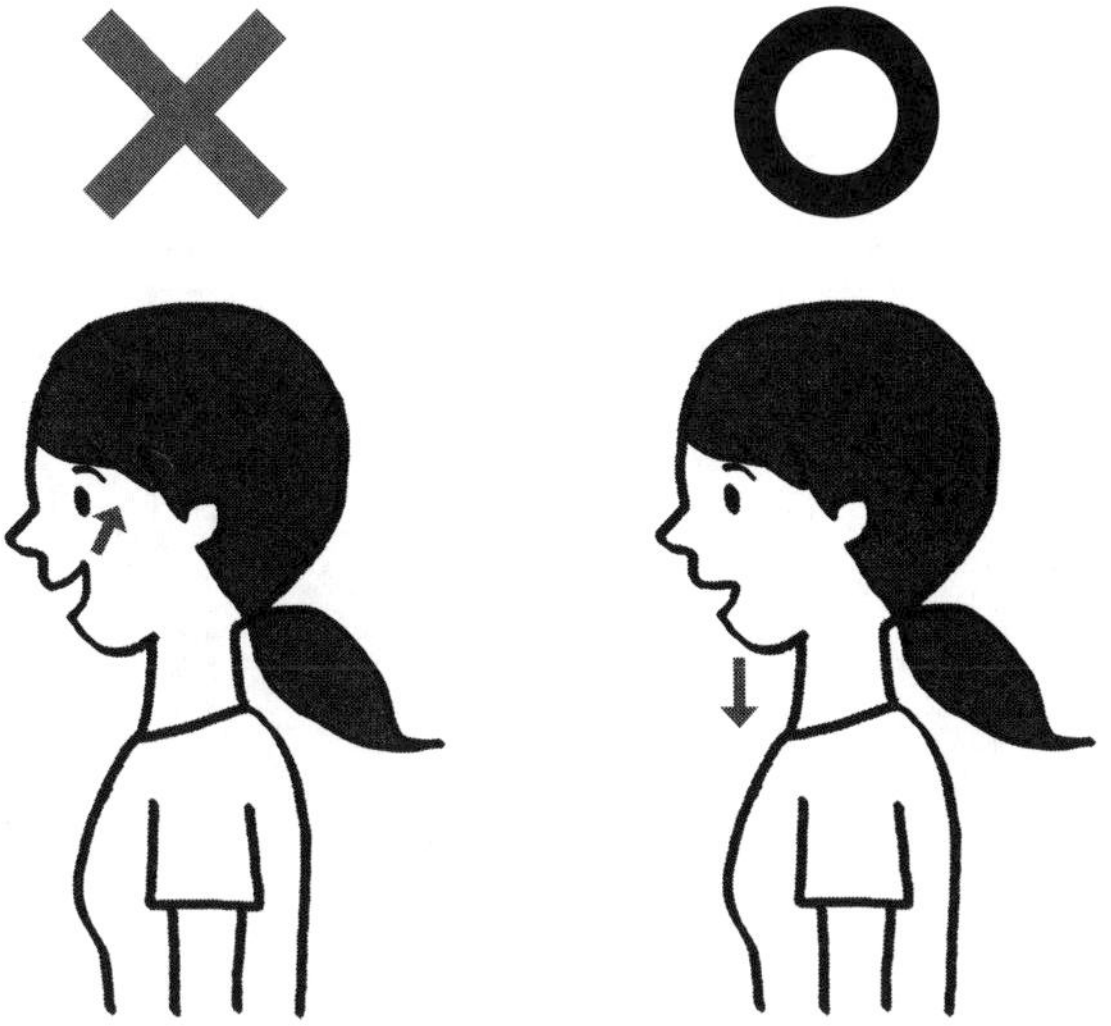

口角を上げすぎると、口の周りがガチガチに緊張する

口は横よりも縦のほうが開けやすく、口のなかの空間が広くなる

下あごを下げると、息が出しやすくなりいい声が出せるようになる

流暢に話すための「0・5秒ブレスの法則」

たとえば会社説明会や展示会など、人前で何かを説明するとき、息つく暇もなく早口でしゃべってしまう人もいるのではないでしょうか。

噛まずによどみなくしゃべられるなら、それでもいいのかもしれませんが、ほとんどの人は、安定した話し方ができません。

出だしは強いのに、話していくにしたがってだんだん弱くなり、息継ぎをしてまた強く話し始める……という具合です。

そんな話し方では、1時間も続ければ、くたくたに疲れてしまいます。

大事なのは**適切に息継ぎをすること**です。多くの人は息継ぎを無意識のうちにやっていますが、息継ぎにもコツがあります。

話している途中でほんの0・5秒だけ、**鼻で「スッ」と息を吸う**ことです。コソッとカンニングをするように息継ぎをするので、私は「0・5秒ブレス」または「カンニングブレス」と呼んでいます。

息を吸うポイントは、文章の句読点に当たるところ。説明会などで話す際は原稿を読むことが多いと思いますが、原稿の句読点があるところで「スッ」と息を吸えば、少しくらい早口で説明していても、噛まずによどみなく話し続けることができます。

なぜ口ではなく鼻で吸うかというと、口で息を吸うと、のどや胸のあたりに一瞬力が入ってしまい、胸式寄りの呼吸になってしまうからです。

胸式呼吸でずっと話をしていると、だんだん息が苦しくなってしまいます。

また、これはマイクで話すケースに限りますが、口で息継ぎをすると「すーっ」という音をマイクが拾ってしまいます。小さな音ですが、聞いている人にとっては耳障りなもの。ところが鼻で息継ぎすれば、マイクは息継ぎの音を拾いません。

この0・5秒ブレス、カラオケのときにも役に立ちます。歌を歌っていて途中で苦しくなるという人は、歌詞の切れ目ごとにこの息継ぎ方法を実践してみてください。息切れすることなく最後まで歌いきれるはずですよ。

噛む言葉には法則がある。噛まないための秘策とは？

会話をしているときに、噛みやすい言葉があります。サ行やラ行、マ行、パ行、タ行といった、舌先や唇をよく使う音が、繰り返し出てくる言葉です。

「させて」「られる」「取りざたされる」「もろもろ」など、たくさんあります。

サ行やラ行といった音は、息に瞬発力をつけて強く発声しなければ明瞭に発音できません。それが連続するので、言いにくく感じてしまうわけです。

話している人があまりに噛みすぎると、聞いている人は「大丈夫かな？」「緊張しているのかな？」と心配になり、話の内容が頭に入りづらくなってしまいます。

また、対面で聞いているときはそれほど気にならなくても、電話で話しているときにたびたび噛まれると、雑音のように気になるものです。

また、話をしていて「あっ、今噛んだ」と気にしすぎると、さらに焦ってしまいます。噛みそうな言葉を発音する前に体にグッと力が入ってしまい、また噛んでしまうのです。

噛まないようにする発音の仕方は、フレーズを細かく区切って、一つひとつの単語を立たせることです。次の早口言葉を、句読点のところでしっかりと区切って声に出してみましょう。

「ブラジル人の、ミラクル、ビラ配り」
「負傷者、続出」
「マサチュー、セッツ、州」
「もろもろの、ことが、取りざた、される」

言いにくい言葉でもこのように読めば、噛まなくなります。

「ビラ配り」「続出」がまだ言いにくいようであれば、さらに区切って「ビラ、配り」「ぞく、しゅつ」と言えばいいのです。

細かく区切ることで、一つひとつの単語をはっきりと発音できるようになり、早口言葉

一つひとつの単語をはっきり発音する

噛まないようにする発音の練習

「ブラジル人の、ミラクル、ビラ配り」

「負傷者、続出」

「マサチュー、セッツ、州」

「もろもろの、ことが、取りざた、される」

「ビラ配り」「続出」が
言いにくい場合、
「ビラ、配り」「ぞく、しゅつ」
とさらに区切る

フレーズを細かく区切って、
一つひとつの単語を立たせると噛まない

のようなフレーズでもつっかえることなく言うことができます。
自信を持って声を出せるようになり、相手にも好印象を与えられます。

好印象・心地よく聞こえる方法——❸

あごを引くだけで何時間話してものどが疲れなくなる

長い時間話し続けてのどが疲れたり、風邪をひいたりすると、声がかすれてしまうことがありませんか?

かすれ声は聞いていて心地よいものではありません。また、なんとなく軽薄で雑なイメージを与えてしまいます。

かすれる原因はいくつかありますが、その一つがあごのポジション。あごを少し上に向けて話している人は、声がかすれやすくなります。

試しに、あごを上に向けて「こんにちは」と言ってみてください。

次に、あごを少し下に向けて「こんにちは」と言ってみてください。のどの感じが少し違うのがわかると思います。

首には、のど元から耳の後ろにかけて「胸鎖乳突筋」という筋肉があり、首を曲げたり回転させたりする働きをしています。この筋肉は、あごを上に向けたときに緊張し、あごを下に向けたときにはゆるんだ状態になります。

つまりあごを上に向けると、胸鎖乳突筋を中心に首の周りの筋肉が圧迫され、のどが少し締め付けられたような状態になる。

その状態で声を出そうとすれば、当然声帯に負担がかかることになります。そして声帯を痛めてしまい、声がかすれるのです。

なぜあごを上に向けて話すのかは、人それぞれ。単なるクセの人もいれば、老眼のため自然とそうなってしまった人もいます。首を鍛えていて筋肉が多くついている人も、少し上向きになっていることがあります。

鏡を見てあごの角度をチェック

さて、この問題に対する解決策は簡単です。

ズバリ「**あごを少し引いてしゃべること**」。

あごを少し引くだけで首の周りの筋肉がリラックスし、のどが開いた状態になり、無理なく声が出せるようになります。

仕事でマイクを使って話す機会が多い人にはぴったりです。あごを下に向けると、声の出る方向とマイクの向きが一直線になり、マイクが声をよく拾うようになるからです。

また、あごを上に向けて話す人は少し「尊大」なイメージを与えてしまいますから、あごを少し引けば見た目の印象もよくなります。

もちろんあごを引くといっても、引きすぎはよくありません。逆にのどが窮屈になってしまうからです。

立ったとき、あるいは座ったときに、つむじをまっすぐ上に引っ張られるようなイメージで姿勢を正すと、ちょうどよくあごが少しだけ下に向いた状態になるはずです。

自分が上向きに話しているのか、下向きに話しているのかわからない人は、鏡でチェックしてください。鏡に向かって話してみたときに、まっすぐ正面を向いているつもりでも、あごの裏が少し見えているようであれば、あごが上がっている証拠です。

普段から下げ気味にして話すように気をつけてください。

事務やコールセンターなどで電話応対の仕事をしている人は、机の上に常に鏡を置いておくといいですね。

そして時々自分の様子をチェックして、少しあごを引き気味にして話すように気をつけていると、のどが疲れたりかすれたりすることなく、一日中しゃべることができるはずです。

好印象・心地よく聞こえる方法――④

注意しても絶対に相手に嫌われない声と話し方

仕事のなかで、相手に意見を言ったり、間違いを指摘したり、依頼を断ったりする必要に迫られる場面があるかもしれません。

相手に注意するときの上手な言い方や声の使い方を考えてみましょう。

まず相手が上司や取引先など、自分より上の立場だった場合。これはなかなか言いにくいですよね。

そんなときは、クッション言葉を上手に使いましょう。クッション言葉とは、伝えたい言葉の前に入れて、表現を和らげるための言葉です。

「恐れ入りますが」

「申し訳ありませんが」
「大変恐縮ですが」
「考え違いだったらすみませんが」
「申し上げにくいことなのですが」
「失礼なことかもしれませんが」

こういった言葉を頭に置いてから、本来伝えたい言葉を切り出すのです。

たとえば、**「こちらの製品にお手を触れるのはご遠慮ください」**だけではキツい印象を受けますが、クッション言葉をつけて**「大変恐れ入りますが、こちらの製品にお手を触れるのはご遠慮ください」**と伝えれば、印象はだいぶ柔らかくなります。

注意される側としても、発言を受け止める準備ができるので、その後に続く意見や注意についても耳を傾けやすくなります。

あくまでも**口調は穏やかに、申し訳なさそうに言うところがポイント**です。また、事実を指摘するだけでなく、最後に解決策の提案もあわせて行えればベストですね。

目下の人に対しては「カキクケコ」で

会社で部下や後輩を持っている人なら、叱ったり注意したりする場面は多いでしょう。部下や後輩に対してはどのように言えばいいのでしょうか。

私もスクールを経営しているので、スタッフさんたちにはこの方法で注意をします。この場合、「カキクケコ」に注意して話すようにしてください。

カ：カッ！とならない
キ：気づかせる
ク：口調は穏やかに
ケ：けなさずに
コ：今後どうするか

つまり、カッとなっていきなり頭ごなしに叱るようなことをしてはダメ。あくまでも口調は穏やかに、落ち着いた調子で話すことが大切です。

話を切り出す際には、

「今、ちょっといい？」
「言いにくいんだけど、聞いてくれるかな？」

という前置きを置いてから、さらにクッション言葉を使って、

「私の勘違いだったら申し訳ないんだけど」
「一つだけ注意しておきたいんだけど」

などと本題に入っていきます。

話をするときには、相手をけなしたりせずに事実を指摘することを意識します。また、話す内容はクドクドと長くならないように、できるだけ簡潔にするといいでしょう。ねちっこく話せば理解してくれるというものではありません。

そして最後は、今後どうするかを話し合って前向きに終わります。このときには、明るいトーンで話すようにすると、相手は注意されたことを引きずらずにすみます。

途中、一方的にワーッとしゃべるのではなく、相手の話を聞いてあげることも大切です。

その際、ところどころ時間を取って、あえて沈黙するという方法も効果的です。

沈黙している間に、相手はこちらが言った言葉を反芻し、理解しようとしてくれます。

時には解決策を自分で見つけ出してくれることもあります。

好印象・心地よく聞こえる方法――⑤

愛想の悪い店員でも一瞬で変わる方法

飲食店の店員さんで、言葉は丁寧なのに、なぜか愛想悪く感じる人っていませんか？
またコールセンターなどへ電話したときも同様に、話し方に冷たい印象を受ける人がいます。

その理由を考えてみて、ある共通点に気づきました。
彼らが何か質問してくるときに、疑問系なのに語尾が上がっていなかったのです。
例を挙げるとこんな感じです。

「3名様でよろしいでしょうかー（↓）」
「ご注文は以上でおそろいですかー（↓）」

「少々お待ちいただけますかー（↓）」

大きな声で接客しているのですが、疲れているのか、それともマニュアルを繰り返しすぎて心が込められなくなっているのか……。

とにかく、普通ならば「ですか？（⤴）」「でしょうか？（⤴）」と語尾を上げなければならないところなのに、語尾を平坦に強く言ってしまっているために、きつい印象を受けるのです。

これでは話しかけられているお客様も、質問を受けているのかどうかわかりません。場合によっては、喧嘩を売られているような気さえしてしまいます。

質問するときはきちんと語尾を上げる。これだけでだいぶ印象は変わります。接客をやっている人は特に注意するようにしましょう。

ただ、語尾を上げる度合いが激しすぎると、ちょっと軽い印象を与えてしまうので要注意。威厳を示したい仕事をしているときには、語尾上げは控えめにするなど、自分で調整してみてください。

逆のテクニックとして、相手をイラッとさせたいとき、威圧感を与えたいときは、あえて疑問系なのに語尾を上げないという使い方もできます。

お行儀はいいとはいえないので、あまりオススメしませんが……。

一瞬で愛想がよくなる

▶質問の語尾を上げる練習

「3名様でよろしいでしょうか？」↗

「ご注文は以上でおそろいですか？」↗

「少々お待ちいただけますか？」↗

✓
語尾を上げなければならないところを、
平坦に強く言ってしまうと、
きつい印象を与えてしまう

**質問するときはきちんと語尾を上げる。
これだけでだいぶ印象は変わる**

好印象・心地よく聞こえる方法——❻

魔法の言葉「ね」をつければコミュニケーションはうまくいく

子供の教育では最近、「ほめて伸ばす」という考え方が主流になっているようです。

険しい顔で欠点やミスを指摘するよりも、長所をほめてやる気を引き出したほうが、伸び伸びと育ってくれるのでしょう。

職場でのコミュニケーションにおいても同様です。叱られてばかりよりもほめられたほうが人は気持ちがいいですし、仕事の成果も出ます。

「ほめるなんて気恥ずかしい」「うちの部下はほめるところが見つからない」なんて人もいるかもしれませんが……。

「ほめて伸ばす」教育に慣れている最近の若者は、怒ってばかりの上司にはついてきません。

ほめたりおだてたりして部下のやる気を引き出していい仕事をしてもらったほうが、結果的には自分にとってプラスになって返ってきます。

さて、普段ほめ慣れていない人がいきなりほめようとしても、気恥ずかしくてなかなかうまい言葉が見つからないかもしれません。

具体的にはどのようにしてほめればいいのでしょうか。

「ね」の語尾を上げてほめる

ほめるときに効果を発揮する魔法の言葉、「ね」を使えばいいのです。

『ほめ言葉ハンドブック』（PHP文庫、本間正人・祐川京子著）から、いくつかほめ言葉の例を引用してみます。

「行動力があるね」
「君は必ずやり遂げる人だね」
「いいアドバイスしてくれるよね」
「このレポート、説得力あるね」

「好調だね」
「いい時計しているね」
「センスがいいね」

これらの言葉について共通していえるのは、語尾に「ね」がついていること。ほめ言葉には、「ね」がつくことが多いのです。

そして私が思うポイントは、「ね」のときに語尾をしっかりと上げること。

柔らかい感じで語尾に感情を込めて「〜だね」「〜ですね」と言うことで、自分が感心しているということが相手に伝わります。

ただし「ねっ！」と強く言いすぎると、逆に嫌みを言っているような冷たい感じに聞こえてしまうので要注意です。

上司や取引先のご機嫌を取りたいときも、この「ね」を使ってみてください。

心にもないような言葉であっても、感情を込めて言ったように聞こえます。

相手を気持ちよくさせてあげれば、お互いの信頼関係が高まって、自分の成績アップにつながるかもしれませんよ。

好印象・心地よく聞こえる方法――❼

クレーム対応で使える「だんだん弱く」

私は、コールセンターの企業研修を任されることが多くあります。

そこでよく聞くのは、コールセンターへのクレームは、商品やサービスに対するものよりも、受付のオペレーターに対するものが多いということです。

つまり、「商品が壊れた」「配達が遅い」といったクレームよりも、「オペレーターの態度が悪い」というクレームを入れてくるお客様のほうが多数なのです。

といっても、オペレーター本人たちが実際にひどい態度で応対しているケースは少なく、普通の態度で応対しているのに、「態度が悪い」と思われてしまうことがほとんどのようです。

特によく聞くのが、「謝ったのに、謝り方がなっていない」というもの。

本人はしっかりと謝ったつもりでも、お客様のほうは、事務的に、淡々と謝っていたように感じてしまうというのです。

オペレーターに限らず、ビジネスの現場ではお客様からクレームを受けることはあると思います。相手の言い分が正しい場合もあれば、なかには単なる言いがかりの場合もあります。

いずれにしても、多数のクレームに対して一つひとつ丁寧に接していかなければならないのですから、マニュアルに則った事務的な対応になるのも仕方がないことだと思います。

しかし、自分の感情がどうであったとしても、相手には関係ありません。きちんと反省していることを、言葉と様子で伝えてほしいと思っているのです。

語尾を弱くして反省の気持ちを表す

そこで謝罪のときに効果的な言い方があります。音楽用語でいうディミヌエンド、**「だんだん弱くする」**です。

「このたびは私どもの不手際で配達が遅れてしまい、大変、申し訳ありませんでした」

このようなフレーズを話すときに、一つひとつの語尾を飲み込むようにして発声し、文の終わりにかけてはだんだんと声を小さくしていきます。

謝罪のときにクレームになるのは、最後の音を無意識のうちに強く言ってしまっているから。

「大変申し訳ありませんでしたっ！」と元気よく言っても、相手をさらにイライラさせるだけ。

最後の音は聞こえなくなるくらいに小さくすることが重要なのです。

よく演歌歌手が歌い終わった後に、

「ありがとうございます……」

とほとんど聞き取れない声で言っていますが、イメージとしてはあんな感じですね。

電話応対のときはこれだけで構いませんが、対面での謝罪のときはさらに目もつぶります。

声をだんだん小さくしていくのと同時進行で、目を伏せていき、最後にはぎゅっと目をつぶってお辞儀する。この究極の謝り方を実践すれば、相手の激しい怒りもかなり収まります。

機会があったら（あってほしくないですけど）ぜひ実践してみてください。

だんだんと声を小さくする

▶語尾を弱くして
反省の気持ちを表す練習

**「このたびは
私どもの不手際で配達が
遅れてしまい、
大変、 申し訳ありませんでした」**

✓
声をだんだん小さくしていくのと同時に、
最後にはぎゅっと目をつぶって
お辞儀するのがベスト

**謝ったのに、謝り方がなっていない
と指摘される人には、効果絶大**

伝わる声と話し方――❶

メリハリをつけるための簡単な強弱のつけ方

「自分の主張や気持ちを相手にきちんと理解してもらいたい」

そう思っていても、なかなか理解してもらえないなら、話し方にメリハリがないのかもしれません。

メリハリがないと、淡々と一定の強さで説明しているだけのように聞こえて、相手はがんばって聞かなければどこが重要なポイントかわかりません。

反対に、音の強弱や高低をつけてメリハリのある話し方をすれば、「ここは大切なポイントなんだな」「この人はこの部分をアピールしたいのか」とわかってもらえます。

お手本となるのが、テレビショッピングでお馴染みのジャパネットたかた・高田明前社長です。高田さんといえば、甲高い声と独特のトークでよく知られていますよね。

高田さんの商品紹介トークはメリハリが利いています。

通常時はあの甲高い声で少し早口で話していますが、丁寧に説明する箇所になると、少しゆっくりと「これ、ものすごいんです。1分間に3000回振動して……」と語りかけます。

そして最後には力強く、ひときわ甲高い声で「金利手数料はジャパネットたかたが負担いたします!」と締めくくる。ちなみに地声は結構低い声のようです。

高田さんのメリハリあるトークは素晴らしいのですが、なかなかまねできるものではありません。

無理にメリハリをつけようとして、声が大きすぎたり小さすぎたりと、過剰になってしまうこともあります。

そんなメリハリ初心者にぜひ試してほしいのが、**音量のレベルを決めておく**ことです。

たとえば商談の場を想定して、大・中・小の音量を自分のなかで設定してみるのです。

大……広い会議室で3メートル先の相手に話しかけるような音量。
中……相手の音量に合わせたノーマルな音量。
小……相手にささやく感じの音量。

このようにして、まず自分のなかで音量を設定し、次に用意した文章を読んで、メリハリをつける練習をします。

用意する文章は、会社案内でも商品パンフレットでも何でも構いません。強調したい部分を四角で囲んで、その上に、大きく言うところには「大」、小さい声で魅きつけたいところには「小」のマークをつけておきます。例を挙げてみましょう。

「私たちの会社は、㊅ビジネスパーソンのための、ボイストレーニングスクールです」

「今日の商品、㊦ここだけの話なんですが、20％オフにさせていただきます」

このようにして何度か練習してください。

音の強弱をつける

▶話し方にメリハリをつける練習

〈声を大きく〉

「私たちの会社は、

㊅ビジネスパーソンのための、

ボイストレーニングスクールです」

〈声を小さく〉

「今日の商品、

㊇ここだけの話なんですが、

20%オフにさせていただきます」

感情を込めて文章を読むのは難しいが、
声の大小なら誰でもできる

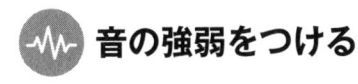

ここでも大事なのは、**恥ずかしがらずに少しオーバーにやること。**

人が聞けばそれほどオーバーには聞こえませんから、自分のなかでは思いきってやりましょう。

感情を込めて文章を読むのは難しいのですが、**声の大小なら誰でもできる**はず。

そして大小の変化をつけるだけで、リズム感やメリハリが感じられる話し方になり、相手の理解度も高まります。

伝わる声と話し方——❷

はっきりと「NO」が言えない人が「NO」と言うには

商品の勧誘など相手からの誘いを断りたい、あるいは相手を拒絶したいと思っても、性格的に優しすぎて、はっきり「NO」と言えない人がいます。

言葉では「NO」と言っても、言い方が優しいので相手には伝わっていないこともあります。

そんな人にとって簡単な「NO」を伝える方法があります。

声にメリハリをつけないことです。

あえてメリハリをつけずに、徹底的に平坦な話し方をしてみましょう。

相手「明日空いてる？」
自分「すみません。予定が入っています」
相手「では来週半ば頃はどう？」
自分「あいにく、しばらく予定が立て込んでいるので時間が取れません」
相手「なら、いつあいているの？」
自分「まだ、先が見えません」

こんな感じのことを淡々と冷静に言われたら、さすがに相手は「あれ？　嫌われているかな？」と察してくれるのではないでしょうか。

冷静に、理論的に、淡々とした話し方で攻められると、自分が相手にされていないような感じがして結構ダメージを受けてしまいます。

対面で話している場合なら、無表情をキープし、相手の顔をしっかりと見据えて言えばより効果的。言葉遣いはあえて丁寧にしたほうが、クールな感じがしてグッドですね。

ただ、この話し方は相手に対して印象がよくありません。断ることが苦手だったり、いつも安請け合いして損をしたりする人に、効果的な手段です。

伝わる声と話し方――❸

聴衆の心をつかみたいときは、手を差し出す

大きな会議や研修会、発表会、講演会などで、大勢の前でスピーチをする機会がある人もいるでしょう。

スピーチで聴衆の心をつかみたいなら、これまでに説明したような、強弱・大小の「メリハリ」ある話し方をするのはもちろん、身振り手振りも大切になります。

壇上にただ突っ立ったまま、身動き一つせずに淡々としゃべっていたのでは、見ている聴衆はおもしろくありませんし、眠くなってしまいます。

スティーブ・ジョブズ氏しかりオバマ大統領しかり、スピーチの上手な人はみんなジェスチャーが大きいのが特徴。

普段話すときよりもオーバーにジェスチャーしたほうが、聴衆を魅きつけられます。

理想は自然体でジェスチャーが出ることですが、普段やり慣れていないと、なかなか自然にできるものではありません。

そこで一つ、簡単で効果的、かつ声にもメリットのあるジェスチャーをご紹介しましょう。

それは、**「自分から相手に手を差し出すジェスチャー」**です。

目の前にいる人を指名するような感じで、聴衆に向けて、指を揃えて手を向けます。その際、腕を上から下にゆっくりと振り下ろすようにするとなおグッドです。

「とても大きな可能性を秘めていると思いませんか？」

と語りかけるときはもちろん、

「よく聞いてください。ここが重要なポイントです」

と強調するときも、**手を差し出しながら**言います。

このジェスチャーを一つ使うだけでも、**全身を使って情熱的に、大きな自信を持ってしゃべっているように聴衆は感じます。**

アメリカのジョン・F・ケネディ元大統領も、これと似た空手チョップ風のジェスチャーを頻繁に用いていました。

このジェスチャーのもう一つの利点は、腕を上から下に動かす動作によって、発声もしやすくなるということです。

第1章で「マーライオン」のトレーニングをしましたが、あれと同じ原理です。ジェスチャーと一緒に発声することで、腹式呼吸のよく通る声を出すことができます。

ただ、10人程度の少人数の前でこのジェスチャーをやると、大げさに見えてしまうので、注意してください。

だいたい50人以上の前でスピーチやプレゼンをするなら、こんなジェスチャーをやっても大げさにはならず安心して見ていられます。

NGワード「えー」「あー」を言わないためには鼻から息を吸うだけ

プレゼンやスピーチでは、どうしても緊張してしまいますよね。そうなると出てくるのが「えー」「あー」といった、意味のないつなぎ言葉です。

話し慣れていない人のほとんどは「えー」「あー」を頻繁に使います。しかも無意識のうちに。次のような感じです。

【悪い例】
「えー、本日はこのような流れで、お話を進めていきたいと思います」
「えー、目的や企画内容に合わせて、気になるところはメモしてください」
「えー、それでは本題に入ります」

多少は仕方がないことだと思いますが、あまりにも連続して出てくるようだと、聞いている人は「この人は自信がないのか？」「迷っているのかな？」と感じてしまいますし、大雑把な印象を受けます。

中盤に行くにしたがって「えー」「あー」の回数が増えていく人もいれば、「えー――」と3秒くらい伸ばしている人もいます。こうなると信頼感どうこうよりも耳障りです。

特に、早口の人は「えー」「あー」を頻繁に挟む傾向にあります。そんな人の話を聞くと、「『えー』とか『あー』を挟まないで、その分もっとゆっくりしゃべればいいのに……」と気になってしまいます。

「えー」「あー」を挟まないようにするには、どうすればいいのでしょうか。

一つのフレーズを言いきったら必ず**「鼻から軽く息を吸う」、このクセをつける**ことです。フレーズとフレーズの間で鼻から息を吸えば、息が続いてよどみなく話せるようになりますし、ちょっと間が空くので頭のなかも整理できます。

聞いているほうとしても、ムダな雑音がなくなって話にきちんと集中できます。先ほどと同じ文を、「鼻から息を吸う」を意識して読んでみてください。

【よい例】

「（息を吸う）本日はこのような流れで、お話を進めていきたいと思います」
「（息を吸う）目的や企画内容に合わせて、気になるところはメモしてください」
「（息を吸う）それでは本題に入ります」

いかがでしたか？「えー」「あー」を挟むことなく、スムーズに読むことができたのではないでしょうか。

先ほどの悪い例と両方声に出してみれば、その差は歴然です。聴衆が受ける印象はまるで違います。「えー」「あー」の撲滅にぜひ取り組んでください。

「えー」「あー」を言わなくする

▶ムダな雑音をなくす練習

「（息を吸う）
本日はこのような流れで、
お話を進めていきたいと思います」

「（息を吸う）
目的や企画内容に合わせて、
気になるところはメモしてください」

「（息を吸う）
それでは本題に入ります」

フレーズとフレーズの間で鼻から息を吸えば、
頭のなかが整理できる

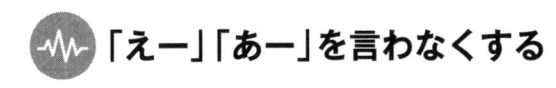

顔で話せば伝わる！効果的な表情の使い方

話すときに相手を魅きつける要素は、話し方やジェスチャーだけではありません。表情も重要な要素の一つ。

元アップル日本法人の社長で、「日本で一番プレゼンがうまい」と言われている前刀禎明さんの講演を聞きに行ったことがあります。彼が言っていたのは、「日本人は顔で話していない。プレゼンでは顔で話すことが大事」ということ。

顔で話すというのはつまり、状況に合わせて**表情を効果的に使う**ということです。

確かに、日本人のビジネスパーソンは表情の乏しい人が多いですよね。表情が乏しいと、顔の筋肉があまり動きませんから、いい声も出にくくなります。

商品を説明するだけならそれでもいいのですが、聞いている人に共感を持ってもらいたいとか、商品の魅力をアピールしたいといった場合には、無表情での説明では伝わりにくいものがあります。

- **大事なところでは眉をクッと上げて、大きな声で話す。**
- **楽しい内容を話すときには楽しそうな笑顔を見せる。**
- **厳しいことを話すときには、険しい顔をする。**

ごくごく基本的なことのようですが、このように状況に合わせて表情をつくることで、聞いている人は魅きつけられるのです。

表情をつくることの効果は声にも表れます。**眉を上げたり、頬を上げたりすれば顔のなかに空間が生まれて、声が響きやすくなる**からです。

試しに、プレーンな表情で「こんにちは」と声に出してください。

次に、眉を上げて「こんにちは」と声に出してください。

同じ言葉でも、音質が少し変わったはずです。

これはスピーチだけでなく、1対1の商談の場でも有効です。大事な場面では眉を上げて、「当社の商品を購入するなら今しかありません！」と決めゼリフを口にしてみてください。熱意がきっと伝わるはずですよ。

プレゼンでは顔で話すことが大事

▶表情を効果的に使う練習

大事なところでは眉をクッと上げて、大きな声で話す

楽しい内容を話すときには楽しそうな笑顔を見せる

厳しいことを話すときには、険しい顔をする

状況に合わせて表情をつくることで、聞いている人は魅きつけられる

「ドミソッソ体操」で高い声から低い声までを使いこなす

人前で話すのが上手な人や、トークを武器にしている営業マンは、みなさん声の高低を上手にコントロールしています。ついでにいえば音感がよく、カラオケが得意な人も多いですね。

彼らは、声の高さのコントロールを無意識のうちにやっています。でもそれ以外の多くの人は、声のコントロールは上手にできていません。何も意識せずに、地声をそのまま自然に出しているだけでしょう。

地声が心地よい声だったらいいのですが、あまりいい声でなかったら……。または軽薄な印象の声、暗すぎる声だったら……。声だけで損をしていることになります。

反対にちょっと声の高さを変えるだけで、見違えるほど信頼できる声になることもあります。そこで、声の高さの調整に挑戦してみましょう。

自分の地声の高さを測定する

まずは、自分の声の高さを把握することが大切です。

スマホやタブレットなどで、ピアノのアプリを用意してください。無料のもので構いません。そしてピアノの音を出し、声を出しながら、自分の声はどのあたりの音なのかを探っていきます。

一般的な地声は、女性ならピアノの鍵盤の中心である「ド」を含めた「ド・ミ・ソ」の音。男性は女性の一オクターブ下の「ソ・シ・レ」あたりの音になっていることが多いでし

●ピアノの鍵盤

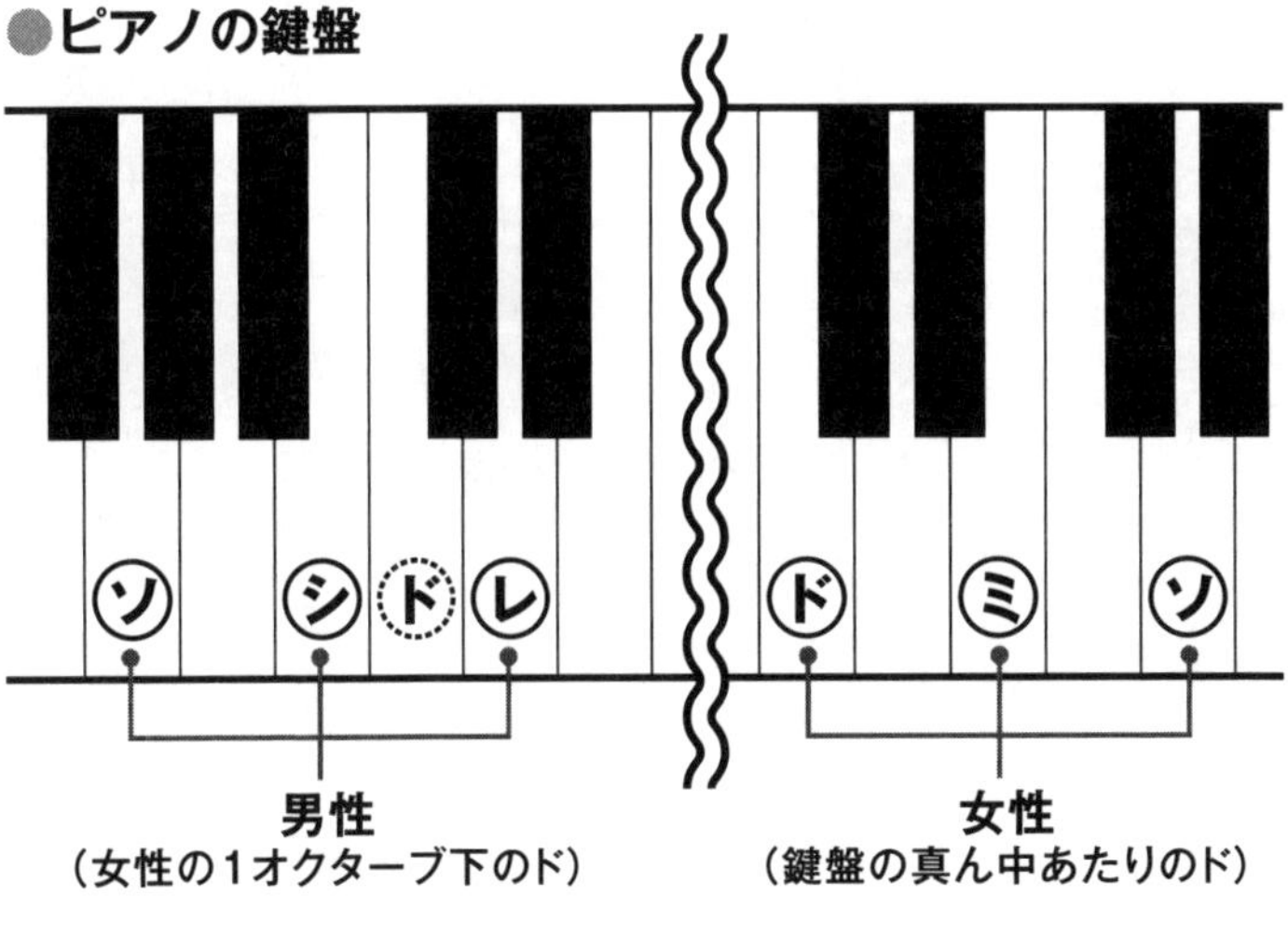

ょう。

そこで、たとえば男性なら「ソ」の音を出して、それに合わせた高さで「こんにちは」と言ってみます。

次に「シ」「レ」でも同じように、音に声の高さを合わせて「こんにちは」と言ってみます。


そのなかで、自分が一番無理なく発声できた高さが、自分の地声です。


そして次のステップとして、自分の地声に加えて、他の高さの声も出せるように訓練します。たとえば地声が「シ」ならば、少し低い「ソ」でも声を出す感覚をつかむのです。

複数の高さの音が出せれば、高い声は「商談や電話応対の際の明るいイメージの話し方」、低い声は「会議やプレゼンなどで使う威厳のある話し方」というように、シーンに応じて使い分けることができます。

ちなみに理想的な高さは、男性なら「ソ」「シ」、女性なら「ド」「ミ」です。

男性の「レ」、女性の「ソ」は、ビジネスの現場では高すぎで、信頼できない軽薄な感じ、あるいは幼稚な感じに聞こえてしまいます。時には耳障りにも思えるかもしれません。

声の高さを測定して地声が高かった人は、職場の騒音になっている可能性がありますので、もう少し低い声を普段から出すようにしましょう。

共鳴する場所を触って感覚をつかむ

さて、女性は「ド・ミ・ソ」、男性は「ソ・シ・レ」の声を出す感覚をつかむための「ドミソッソ体操」をしてみましょう。

「ド・ミ・ソ〜〜、ド・ミ・ソ〜〜」（あるいは「ソ・シ・レ〜〜、ソ・シ・レ〜〜」）と発声しながら、低い音を出すときには「胸」、中くらいの音を出すときには「こめかみ」、そして高い音を出すときには「頭の上」に手を持っていき、繰り返すという体操です。

それぞれの手を置く位置は、声を出したときに振動する場所を示しています。低い音では胸、中くらいの音では頭が振動し、高い音ではどこも振動しません。

発声しながら手を置いたときに、そのポイントがきちんと響いているかチェックしてください。

声の高さを調整する

▶声の高さをコントロールする練習

低い音を出すときには「胸」

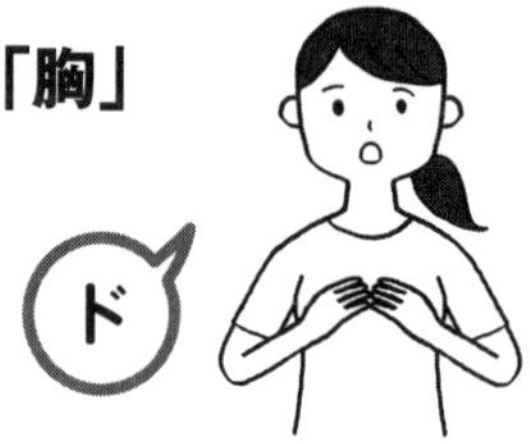

中くらいの音を出すときには「こめかみ」

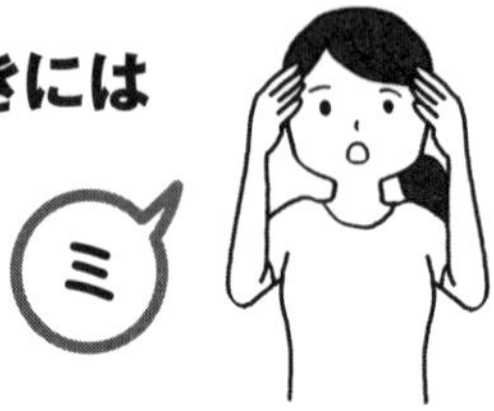

高い音を出すときには「頭の上」に手を持っていく

✓ 男性はソ・シ・レ

手を置く位置は、声を出したときに振動する場所を示している

聴衆を魅きつける声のコントロール――❷

原稿をつくっておけば、抑揚も思いのまま

話し方に抑揚のある人のスピーチには、自然に聞き入ってしまいます。

反対に、抑揚がないスピーチはとても退屈な印象を受けます。あまりに抑揚がなさすぎると、「ダダダダダダーッ」という不快な工事の音のように、耳障りにさえ聞こえることもあります。

言葉は音楽と同じです。音の高低や大小、リズムがある音は耳に心地よく聞こえ、そういった変化がない音はうるさく聞こえるのです。

さて、スピーチでの抑揚のつけ方について説明しましょう。

「スピーチ全体」と「個々の文章の読み方」の二つで抑揚をつける方法があります。

まず、すごく簡単な方法は**「スピーチ全体」で抑揚をつける方法**です。

スピーチの出だしは落ち着いたトーンで、中盤は声をやや大きくして感情を込めて話し、そして終盤にはまた落ち着いたトーンに戻って締めくくる。

これを意識するだけでも、印象はだいぶ変わります。

もう一つは、**文章の一つひとつに対して細かく抑揚をつけていく方法**です。

これまでも声の大小や息継ぎの方法について説明してきましたが、それらのテクニックをここでまとめて活用します。

まずは声に出す前に、スピーチのスクリプト（原稿）を用意し、そのポイントとなるところに次のようなマークを書き込んでください。

- 単語の頭でしっかり息を吐くところは、○をつける
- 音量は、(大)(小)のマーク
- 強調したいところは、□で囲む
- ゆっくり話すところは、波線（〰〰）
- 語尾を上げるところは⤴（斜め矢印）
- リズムをつけるところ、間を置くところは、V（ブレス）のマーク

音の高低や大小、リズムをつける

▶スピーチ全体で抑揚をつける練習

自分のモチベーションの上げ方は3つあります。

1つめは成長するために変わっていく自分を楽しむこと。

2つめは周りの人の役に立って、感謝されることです。

3つめは自分の思ったように人生は進められるという強い思い込みです。みなさんはどうでしょうか？

私は夢を叶えるには、常にモチベーションを上げ続け行動あるのみだと思うのです。

スクリプトは音楽でいう楽譜と一緒。
イメージ通りのスピーチに必須

スクリプトは音楽でいう楽譜と一緒。事前にスクリプトに必要な要素を全部書いておけば、本番の際、イメージした通りに抑揚をつけたスピーチを行うことができます。あとは練習をするのみです。大統領だって大企業の社長だって、演説の前にはきちんと練習しています。ぜひたくさん練習してから本番に臨んでください。

聴衆を魅きつける声のコントロール――❸

思わずあなたの話に聞き入る「間」の取り方

先日、たくさんの企業の担当者が集まるセミナーに呼ばれて講演をする機会がありました。しかし、公演直前にパソコンが壊れるというハプニングが発生！

パワーポイントが使えないなかで、自分の手書きの図をスクリーンに映しながらの説明になってしまいました。普段ほとんど緊張することのない私ですが、あのときは焦りもあってとても緊張しました……。

緊張はしたのですが、何度も繰り返してきたセミナーですし、一つだけ気をつければ大丈夫と自分に言い聞かせました。

その一つとは、**「フレーズが途切れるところでしっかりと間を取る」**です。

人はスピーチの際に緊張するとテンションが上がり、早口になってしまう傾向にあります。早口になれば言葉を噛みやすくなりますし、「えー」「あー」といった余計な言葉を挟みやすくなります。

また、一本調子のマシンガントークでは、聞いている人は大事なポイントがどこかわからなくなります。

フレーズごとにきちんと間を取れば、たとえ緊張していても、早口にならず、また噛んだり言い間違えたりすることも少なくなります。

実際にそのときも、**「ワンフレーズにひと間」**を実践することで、心の焦りを抑えて話すことができました。

聴衆をよく観察する余裕も生まれ、聴衆の反応に合わせて、途中で話の組み立てを変えることもできました。

ワンフレーズに一つ「間」を取る

フレーズが途切れるところで間を取るといっても、どれくらいの長さで間を取るかは、聴衆の人数によって異なります。

聴衆が10人～数十人くらいの場合は、1秒程度でいいでしょう。演台があるなら演台を「ポン」と指で1回たたくくらいの間隔です。演台がない場合は自分の膝のあたりをたたけばいいでしょう。

このケースも116ページと同様に、大きな会議や株主総会など、聴衆が100人を超えるような状況ならば、2秒くらいの間を取ってもおかしくはありません。

言葉に感情を込めやすくなる「しい」の使い方

冷静で抑揚のない口調で、言葉に感情がこもっていないように聞こえる人がいます。あまりにも淡々としているために、話している言葉に対しても、「本心でそう思って言っているのかな？」と疑問に感じてしまうことも。

そのような人はたいていの場合、本当は冷たいわけでもウソをついているわけでもありません。ただ単に、顔や声に表情が乏しいだけです。

感情表現の乏しい人が、少しでも感情豊かに話せるようになる、ちょっとしたテクニックをお教えしましょう。**「しい」を上手に使う**ことです。

「うれしい」

「楽しい」
「おかしい」
「おいしい」
「素晴らしい」
「初々しい」

など、「しい」がついてポジティブな言葉はたくさんあります。これを頻繁に使うようにします。

発音ポイントは、最後の「しい（⤴）」のところで語尾をグッと上げ、少し伸ばし気味にすること。

その際、口角を上げながら「しい」と言えば、声のトーンも少し高くなるのでさらに効果的です。イメージとしては、タレントのローラさんのしゃべり方です。

感情表現が下手な人は、この「しい」のつく言葉を平坦に発声してしまいがちで、それが相手に違和感を与えてしまいます。

「しい」の使い方一つで、相手が受ける印象が変わるんですからおもしろいですね。

ただし、この「しい」、とても簡単なようですが、レッスンで生徒さんにやってもらうと意外にうまくできません。

特に男性は恥ずかしがってしまい、右のようなポジティブな言葉を使わないのですが、使うべきです。

でも恥ずかしさを通り越してできるようになると、自分のなかになんだかポジティブな気持ちが芽生えてきて、メンタルが軽くなるという人もいますよ。

息を吐けば吐くほど緊張がなくなる

緊張してしまうと、いい声も出せなくなります。体がこわばって肩や胸のあたりに余計な力が入り、胸式寄りの浅い呼吸になってしまうからです。

日本人は緊張しやすい人が多い気がします。特に大きな会議やプレゼンなど、大勢の人の前で話すときには緊張してしまいますよね。

緊張を治す方法は簡単、**「深く息を吐くこと」**です。

その前に、脳の働きについて簡単にご説明します。

私たちが「緊張、不安、恐怖」を感じると、脳内にセロトニンという物質が分泌され、それらの感情を和らげる働きをしてくれます。ところがセロトニンの分泌量が少ないと、「緊張、不安、恐怖」を感じやすくなってしまいます。

そこで「緊張、不安、恐怖」をコントロールするためには、セロトニン神経を刺激したり、セロトニン神経と密接な関係にあるオキシトシンを十分に分泌させたりすることが必要になってきます。

そのために大切なのは日頃の「運動、食事、睡眠」なのですが、緊急時に簡単にできるのが「呼吸」です。

ここで、脳生理学の権威である有田秀穂さんの著書から、セロトニン神経を活性化させる呼吸方法について引用します。

「簡単にできるのは、椅子に座ったままで、頭の中で呼吸の数を数えながら、意識的に吐く息を長くする呼吸をすることです。緊張したときやカッとなったときなどは、大きく息を吐き出して、深呼吸をすると落ち着くものです。これは、しばらく呼吸に意識を集中するとセロトニン神経が活性化され、気分が安定するためです。

とくに集中した状態で五分以上続ければより効果的です」

『「脳の疲れ」がとれる生活術』（ＰＨＰ文庫、有田秀穂著）

つまり5分程度、深く吐くことを意識して呼吸するだけ。

深く吐けば、自然と吸うことになりますから、吸うことは意識しなくて構いません。そして吐くときはお腹に手を当てながら、腹式呼吸になるように気をつけてください。

私もセミナーやテレビ出演の前はこの方法で深呼吸して、自分を落ち着かせています。

あがり症の人は一度試してみてください。

第3章

シチュエーションごとに、声を使い分ける

電話で一番多いクレームは、「謝り方がなっていない」です。声で問題解決できるものがじつに多いのです。

電話応対――❶

電話応対がよい印象になる5つのポイント

電話応対は、会社の第一印象を担う重要な業務です。

対面で話しているときには、声だけでなく表情、アイコンタクトやボディランゲージも含めて相手とコミュニケーションできますが、**電話では声だけのコミュニケーション**になります。

したがって、電話における声の印象が、そのまま相手に対する自分の印象になってしまうので、話し方がとても重要になるのです。

電話応対へのクレームのほとんどが、感情的な問題です。

つまり話している内容に対してではなく、「話し方がなっていない」「心がこもっていない」といったクレームです。

自分は普通に話しているつもりでも、「なんだか雰囲気が暗いな」「この営業マンとは話したくないな」と相手に思わせているケースがあるということ。電話で損をしている人はたくさんいます。

普段の落ち着いた話し方では、ほとんどの人は不十分といえるでしょう。別人格になりきって、普段よりも大幅にテンションを上げて話すくらいがちょうどいいのだと認識してください。

さて、私はあるコールセンターのオペレーター約80人の声を分析したことがありますが、それにより悪い印象を与える話し方の共通項を知ることができました。そして、その問題を解決するための対策を次の5つにまとめてみました。

電話応対の仕事をしている人は、この5つに取り組んでみてください。

1．口角を上げたまま話す

口角を上げることで声のトーンは1音から1・5音上がり、明るい声になります。

無理やり上げるとこわばってしまいますから、少しだけニッコリと口角上げ気味で話すことを心がけるといいでしょう。

初めのうちは口角を上げていても、疲れてくるとだんだん真顔で話すようになってしまいます。**電話の前に鏡を置いておき、自分の表情をチェックしながら話す**ようにしてください。

2．単語を2〜6音で区切り、息をたくさん吐きながら話す

細々とした説明をしたり、サ行が続く言葉を発したりするときに、噛んでしまうことがあります。

噛んでしまうのは、長い単語を一気に話そうとするから。7音以上の単語は噛みやすい傾向にあります。

そこで次のように、長い単語も2〜6音で区切って話すようにします。

「うけたまわり／ました」
「かしこまり／ました」
「させて／いただきます」

3. 腹式呼吸で、小さめの声で話す

のどに負荷がかかる胸式呼吸でずっと話していると、声がかれてしまい、印象の悪いがさがさ声になります。**あくまでも腹式呼吸で話す**ことを意識しましょう。

声のボリュームは小さめのほうがいいです。

相手は電話の機能で音量調整できるので、それほど大きな声を出さなくても、きちんと聞こえていることが多いからです。また、小さめの声で話したほうが一日中いい声を続けられます。

4. お伺い、質問の語尾はきちんと上げる

「～していただけますか？」
「～でよろしいでしょうか？」
「～はいかがなさいますか？」

など、お伺い・質問をするときに、語尾がフラットだったり、伸ばしぎみだったりする話し方は、とても無愛想に聞こえてしまいます。オペレーターの声を分析したときにも、最も多く見られた問題がこれでした。

語尾をきちんと上げるようにすることで、オペレーターに対するクレームは大幅に減るはずです。

5．謝罪の言葉は「だんだん小さく」

電話口で謝罪の言葉を使うときは、語尾にかけて弱くなるように発声します。

全体的に徐々に小さくしていくのではなく、単語の頭ごとに、階段を下がるように小さくするのがポイントです。

「大変申し訳ありませんでした」の「でした」あたりでは、言葉を飲み込んでほとんど声に出さないくらいにして構いません。

「申し訳ない」という気持ちを相手に伝えることができます。

これまでお伝えしたことと変わりませんが、電話応対では、特に意識してほしい5つのポイントです。電話応対は最初の接点ですので、重要な業務であることを再認識しましょう。

電話応対――❷

あいさつは50音で一番大事な「お」をしっかりと発声する

一日は「おはようございます」のあいさつで始まります。

また、取引先からの電話には「お世話になっております」、お昼になれば「こんにちは」、食事をしたら「ごちそうさま」、退社する際には「お疲れさまでした」、そして寝る前は「おやすみなさい」。

このように、あいさつの多くが「お」を母音とする音で始まっています。そしてこの「お」は、母音のなかでも特にこもりがちな音です。

説明するまでもないことですが、**あいさつはコミュニケーションの入り口**であり、とても大切です。電話応対はもちろん、ビジネスシーン全般において、まずはあいさつがあり、それから会話に進みます。

また、あいさつをする際、多くの人は無意識のうちに笑顔をつくります。これは相手の警戒心を解くなどの効果があります。元気よくあいさつするということは、こちらの心がオープンであり、コミュニケーションをとる用意があるということを相手に示す合図といえるのです。

特に、声だけでコミュニケーションをとる電話応対のシーンでは、あいさつはより重要です。

しかし、そのあいさつの言葉が不明瞭であったり、声が小さかったりすると、逆効果です。「この人はコミュニケーションをとる気があるのか?」と、相手に警戒心を抱かせてしまいます。

その**重要なポイントが、1文字目の「お」**なのです。最初の「お」の音を強調することで、あいさつの言葉を明るく、そしてパワフルに発声できます。

特に、私が大切にしているのが**「おはようございます」**です。

言ったほうも言われたほうも、前向きに元気になれる魔法の言葉です。

ですからセミナーなどでは、私と受講者の間で必ず元気なあいさつを交わすようにしています。

私　「**お**はようございます！」
受講者「おは……（ボソボソ）」
私　「聞こえませんでしたよ。**お**はようございます!!」
受講者「**お**はようござい……」
私　「まだ元気がないですね。もう一度、**お**はようございます!!!」
受講者「**お**はようございます」

実際にはこれを6〜7回くらい繰り返します。しつこいですよね（笑）。でも最終的にはみなさん根負けして、苦笑いしながらも元気な声を出してくれます。

私のセミナーを受けてくれるのは、自ら進んで来る人ばかりではありません。

会社の研修などで、嫌々ながら来る人もなかにはいます。そういった人たちは当然テンションが低く、話を聞く心構えもできていません。

しかし、そんな人たちもこの「あいさつ」を繰り返すことで、無理やりにでも元気な声が出て、ついでに笑顔になります。

その結果、**心がオープンになり、聞く姿勢ができる**のです。

みなさんも、あいさつの「お」に注意して元気な声を出すようにしましょう。

電話応対──❸

電話で必ず好印象を持たれるための声のトーン

電話でのトークを一日中やっていると、だんだん声が疲れてきます。気分が乗らなくなり、それにつれて音程が低くなりがちです。

自分ではあまり気にならなくても、低すぎる声は電話の相手に対して無愛想な印象を与えてしまいます。

音声研究の専門家である東京工芸大学・森山剛准教授も言っていましたが、**人の声は電話回線を通る場合、少し高いほうが相手の聴覚に届きやすい**そうです。

電話では、いつもより少し高めの声で話したほうが、いい印象を与えることができます。

一日中、音を下げずに声を出すためには、口角を上げることです。

口角を上げると、口角を下げて発声しているときと比べて、1音から1・5音くらい高い音を出すことができます。

182ページで、ピアノの鍵盤に合わせて音を出す練習をしましたが、電話応対の場合、女性なら「ミ」か「ファ」、男性なら「ラ」か「シ」くらいの高めの音程で話すのがちょうどよいでしょう。

鏡を机に置いておき、口角が下がっていないかどうか、自分の顔をたびたびチェックしながら電話応対を行ってください。

また、口角が下がりがちなときに、上げるようにするトレーニングがあります。

「キムチキムチキムチキムチ」
「みんなでみかんを3つずつ」
「地下鉄でチーズをちょっと食べる」

このフレーズを口に出して言うと、下がっていた口角が元に戻り、声のトーンが高くなります。

プレゼンテーション・スピーチ——❶

聞き手を魅きつける出だしの「間」

ピアノや歌のコンクールでは、初めの30秒が勝負だと言われています。審査員の先生方は、最初の30秒を聞くだけで、その人の技術がだいたいわかってしまうからです。

ですから演奏する人は、最初の30秒をきちんと聞かせることが大事。そのためには、審査員が集中して聞けるように準備をしてもらう必要があります。

どうするかというと、演奏を始める前に「間」を取るのです。

司会者に紹介されてからすぐに弾き始めるのではなく、椅子について3～4秒間を置いてから弾き始めます。周囲が静かになっているなかでの3～4秒は、だいぶ時間をかけているように感じますが、それくらい間を置いたほうが相手も聞く姿勢になってくれます。

これと同じ方法はスピーチでも使えます。

スピーチでも、開始直後が最も聞き手の集中力が高い時間帯です。そこで間を取らずにサラッと始めてしまっては、出だしでインパクトを与えることができず、集中力を持続してもらいにくくなります。

スピーチの際はどうしても緊張しがちになるので、すぐに話し始めようとしてしまいますが、そこをグッと我慢してください。

司会者の紹介を受けた後、まず会場全体を見渡しつつ3～4秒間待ってから、おもむろに話し始めるようにしましょう。そうすることで、**聞き手に集中力を高めてもらう**ことができます。

また、話している最中の「間」も大切です。間を取る長さは聴衆の数に応じて変えていきます。

10人程度の会議の場合は、つばを「ごくん」と1回飲み込む程度の間隔（1秒以下）です。

また20人以上の中規模なセミナーなどの場合は、演台を「とん」と1回たたくぐらいの間隔と覚えておけばいいでしょう。

100人以上の大規模なセミナーなどの場合、句読点ごとに2秒程度の間を取りたいところです。少人数の会議で2秒も間を取ると不自然ですが、100人規模のときはそうは感じません。

間の取り方として上手な例が、2014年のノーベル賞を受賞したマララ・ユスフザイさんが国連で行ったスピーチです。きちんと間を取って、ワンフレーズワンフレーズをハッキリと発音しているので、とても聞きやすく、話に引き込まれてしまいます。

英語がわからなくても間の取り方は参考になります。

プレゼンテーション・スピーチ――❷

抑揚は話の内容によって使い分ける

カリスマ経営者は、プレゼン技術も優れている人が多いといえます。特に有名なのは、故スティーブ・ジョブズさんでしょう。

ジョブズさんのプレゼンは、スライドの巧みな使い方や歩き回るスタイルが印象的ですが、声の出し方も一級品といえます。腹式呼吸の発声で、リズムよく、しっかりと間を取りながらスピーチし、単語の発音がきれいなところが特徴です。

抑揚も優れていて、音響の専門家は雑誌の記事でこんなことを語っていました。

「さらに特徴的なのはイントネーション（抑揚）の大きさだ。ジョブズはイントネーションの振れ幅が3・18倍あり、これまで紹介した4人と比べて断トツだ」（「プレジデント」

2012年7月16日号の記事より）

「これまで紹介した4人」というのは、孫正義さん、豊田章男さん、稲盛和夫さん、柳井正さんです。彼らもプレゼンの達人として知られていますが、その4人と比べても、ジョブズさんの話し方は抑揚の振れ幅が大きいということです。

抑揚が大きいと表現力が豊かになり、大きなインパクトを与えることができます。相手に訴えかけたときに、共感させて、納得させるパワーが強くなるという効果があります。聴衆の心にインパクトを与えるには、大胆に抑揚をつけて話すようにするといいでしょう。

たとえばファーストリテイリングの柳井正さんは、ジョブズさんに比べて抑揚は控えめです。低音の柔らかい声で、速度は少し速く、理路整然と話します。淡々としていてもそれほどキツい印象を受けないのは、低音の声が魅力的だからかもしれません。

どちらがいいのかは人それぞれですし、場合によっても変わります。いつも「抑揚あり」の話し方だと、オーバーで暑苦しい印象があり、聞いている相手も疲れてしまいます。

また逆に、いつも理路整然とした話し方では、冷たい印象を与えてしまうかもしれません。

相手に共感を覚えてもらい、相手を説得したいときにはジョブズ風、理路整然と説明しなければならないときは柳井風、というように使い分けるといいですね。

プレゼンテーション・スピーチ――③

早口は究極の時間のロス。聞き手を思いやる余裕を持つ

スピーチやプレゼンで早口で話されると、聞き手は理解が追いつかず混乱してしまいます。

きちんと伝わる速度で落ち着いて話すことが大切ですが、自分が早口だと気づいていない人も結構います。

みなさんはどうでしょうか？　次の質問のうち、いくつに当てはまるか考えてみてください。

- 話を聞き返されることが多い。
- 人に「せかせかしている」「慌てている」などと言われる。

・ゆっくりと話す人にはイライラする。
・考えずに話し始めて噛むことがある。

4つのうち一つでも当てはまったら、早口の可能性があります。二つ以上に当てはまったなら、あなたは確実に早口です。

断っておきたいのは、早口が悪いというわけではないということです。たとえば漫才師のように、言葉があふれ出てくるようなマシンガントークで話しても、発声がきちんとコントロールできているなら、話はきちんと伝わります。

ただ、彼らはきちんとトレーニングを積んでいるからできるのです。普段トレーニングもしていない人が早口でしゃべると、噛んだり言い間違えたり、「えー」「あー」が増えたりして聞き取りにくくなってしまいます。

早口でもうまく話せるようにトレーニングするか、早口自体をやめるか、どちらかにしてください。

どちらが簡単かといえば、早口をやめるほうですよね。

早口対策としては次のようなものがあります。

- **まず自分は早口だと自覚する。**
- **話すときは、呼吸をいつもよりゆっくりとする。**
- **単語の頭を強く声に出すことを意識する。**
- **句読点ごとに息を吸い、間を空ける。**

これらの対策をとるだけでも早口ではなくなります。

そもそも**早口になる原因の一つには、頭の回転が速いことが挙げられます。**次から次へとアイデアがわいてきて、それをすぐに口に出そうとすることで早口になってしまうのです。

仕事が忙しく、いつも時間に追われている人はこの傾向があります。こういう人は歩く速さも食べるスピードも、何もかも速いことが多いですね。

知り合いの居酒屋の店長は、いつも気ぜわしく動いている人で、話し方も超早口。何を話しているかまったくわからないことがあります。

店長「まぐりょっした！」
私　「ええ??」
店長「まぐろ用意しときました」

という具合です。**早口でしゃべると結局聞き返されてしまいますから、最初からきちんと話したほうが時間は節約できますよね。**

クセや環境で早口になっている場合もあります。たとえば親や周囲の人が早口だったりすると、子供も早口になりがちです。

いずれにしても**早口は、聞き手にとっては優しくない話し方**です。早口の話し方が相手にどう聞こえているのか、考える余裕を持つことが大切です。

プレゼンテーション・スピーチ――④

説得力のあるスピーチに「みなさん」を多く使うことで

よく、「伝わる文章を書くには、相手を思い浮かべてラブレターを書くように書け」なんてことをいいます。

人は誰かに承認されたい生き物です。文章であっても、それが自分に語りかけているように書かれていると、人に認められたような気持ちになり、共感を覚えるのかもしれません。

プレゼンやスピーチにおいても同じことがいえます。

1人対多数で行うスピーチであれば、スピーカーは全体に向かって話しています。でも全体に向かって事務的に話しかけているような印象が強いと、どこか話が他人事のように思えてしまいます。

しかし、1対1で自分に話しかけているような印象を受けると、聞き手はその言葉を自分に向けられたものとして受け止めるので、共感を覚えやすくなります。

聞き手の共感を得やすい、説得力のあるスピーチをするために、最も有効な言葉は何かご存じでしょうか。

それは**「You」**です。

イェール大学の研究によると、説得力のある単語のなかでもトップが「You」、つまり「あなた」「あなた方」「みなさん」だったということです。そしてこの言葉は、スピーチが最も力を発揮する政治の世界で多用されます。

『アメリカの企業家が学ぶ世界最強のプレゼン術』（WAVE出版、ジェリー・ワイズマン著、持田直武・福山柴乃訳）にもそのことが書かれています。要約すると次の通りです。

「2008年の大統領総選挙の予備選挙で、ヒラリー・クリントンさんとバラク・オバマさんがデッドビートを繰り広げていました。結局はオバマさんが勝つことになるわけですが、両者がスピーチのなかで『みなさん』『私』を使った回数をそれぞれ数えてみると、クリントンさんは『みなさん17回、私35回』、オバマさんは『みなさん26回、私10回』でした」

つまり、**「私」よりも「みなさん」を多用したほうが、聴衆に訴えかける効果があったと考えられる**、ということです。

このように聴衆を魅きつける力があるパワーワード、「Ｙｏｕ」を積極的に使わない手はありません。

「あなた」でもいいのですが、目上の人には失礼と受け取られてしまうかもしれませんから、「みなさん」のほうが使い勝手はいいでしょう。

「みなさん」、声は生まれつきではありません。トレーニング次第で必ず自分の理想の声になれます」

「**みなさん**は自分の声のどんなことに悩んでいますか？」

などと、スピーチのなかに積極的に「みなさん」を入れてみてください。
きっと説得力のあるスピーチができるはずです。

プレゼンテーション・スピーチ――❺

アイコンタクトで声も伝わりやすく

ビジネスパーソンでも、相手の目をあまり見ないで話をする人をよく見かけます。日本人にはシャイな人が多いというのはわかります。

でも、たとえば何かの商品をセールスに来た人が、こちらの目をまったく見ずに話していたとしたら、どうでしょうか。ウソをついているのではないか、騙そうとしているのではないかと不安になりますよね。相手との信頼感を醸成するためにも、アイコンタクトは大切なのです。

これはプレゼンやスピーチでもいえること。

ずっと原稿に目を落とした状態で話している人や、キョロキョロと視線が定まらない人、床や天井を見つめながら話している人はＮＧです。

原稿に目を落としたままだと、棒読みになってしまい、感情豊かに話すことができません。また、話しながら視線が定まらなかったり、誰もいない空間を見つめていたりすると、自信なさげで落ち着きのない印象を聞き手に与えてしまいます。

聞き手との信頼関係をつくるためにも、また、**聞き手が自分の話をきちんと聞いているかどうかを確認する**ためにも、アイコンタクトを効果的に行う必要があります。

スピーチやプレゼンでのアイコンタクトは、参加者の数に応じて使い分けましょう。

参加者が10人以下なら、スライドを使わず、着席した状態で話をしたほうがいいです。近い距離で上から話されると高圧的な感じを受けるからです。

座った状態で、手元の資料には時々目を落とす程度にして、会議の参加者一人ひとりとアイコンタクトを取りながら話すと、説得力が高まります。

1人と目を合わせる時間は3~5秒がちょうどいいでしょう。それ以上長くなると、威圧感を与えてしまいます。

参加者が30人以上の規模なら、スライドを使って話すことが多いです。このときは立って話したほうがいいでしょう。

目線は、手元のパソコンとスライドを行ったり来たりするだけではダメ。たとえスライドを使っていたとしても、基本的には会場を見ながら話をすること。右・中央・左と順番に見て、適度にアイコンタクトを取りながら話を進めていきましょう。

スライドを見せたい場面では、自分もそちらを見ながら話をします。そうすることで聞き手をスライドに注目させることができます。

アイコンタクトは声ではありませんが、「目は口ほどにものを言う」といいます。話す内容の説得力を高めるためにも、おろそかにできないテクニックだと心得てください。

「マイクを持たない」で話すと声がかれない

スピーチやプレゼンに関してよく聞く悩みの一つが、「声がかれる」というもの。マイクで話すときほど、声がかれる人が多いようです。

声がかれるのは、緊張して上半身に力が入り、胸式呼吸の状態で話してしまうからです。胸式呼吸では声のボリュームが小さくなりがちですが、マイクが音を増幅してくれるので、会場には問題なく聞こえます。問題がないからこそ、胸式呼吸でのどに負担をかけたまま話し続けてしまい、やがてのどが疲れて、かすれ声になってしまいます。

スピーチやプレゼンの機会が多い人が胸式寄りの発声を続けていると、かすれ声が日常になってしまい、次第に声を出すのもつらくなることがあります。

やはり、**常に腹式呼吸で発声することが大切**です。本書を読んだみなさんは腹式呼吸の発声ができるはずですが、緊張したときには胸式になってしまうこともありますよね。

そこで、冒頭のあいさつや自己紹介の部分では、できるだけマイクを使わず、腹式呼吸の地声で話すようにしてみてはいかがでしょうか。


会場の広さにもよりますが、マイクを使って発表するような会場では、腹式呼吸の大きな声で話さなければ、後ろの人まで声が届かないはずです。しばらくそうやって腹式呼吸で発声する感覚をつかんだら、そのままの感覚でマイクを使って話し始めます。

もちろん、同じ調子では声が大きすぎるので、腹式呼吸を意識しつつも、吐く息の量を減らすことでボリュームをコントロールします。このようにして腹式呼吸で発声すれば、マイクを使っても、のどを疲れさせることなく最後まで話しきることができます。

途中で胸式に戻ってしまったと感じたら、一度マイクから離れて5分程度地声で話し、腹式呼吸を取り戻すといいでしょう。

なお、マイクを使って話すことが事前にわかっている場合には、本番前にマイクテストをしておくことも大切です。

テストをせずにぶっつけ本番でやると、マイクが自分の声をうまく拾ってくれずに、話し方に影響が出てしまうこともあるからです。

スタンドマイクでもピンマイクでも、テストの際にマイクの方向や位置を確認して、自分の声をきちんと拾うように調整してから本番に臨むといいですね。

職場でのコミュニケーション――❶

コミュニケーションで大事なのは、まず相手の声を聞くこと

声は自分の性格や育ちだけでなく、環境にも左右されます。

たとえば東北の人は口をあまり開けないので、ボソボソと小さな声で話す人が多いようです。また大阪の人は、声が大きくアクセントもしっかりとしています。

大阪の人が地元で話している分には問題ないのですが、関東で同じように話していると「声が大きい」と言われてしまうこともあるようです。

声は職場環境にも影響を受けます。男性ばかりの職場で働いている女性がトレーニングに来たことがありますが、自分の声がどんどん低くなっていると嘆いていました。周りに合わせているうちに、女性らしい声の出し方を忘れてしまったのです。

美容室と理容室の両方を経営している社長さんにお話を伺ったときには、理容室に勤めている男性より、美容室に勤めている男性のほうが、声が高いとおっしゃっていました。美容室はお客様もスタッフも女性が多いので、男性美容師はその影響で自然と高い声を出すようになるのかもしれません。

一般企業でも、営業系の職場ではみなさん声が大きくわいわいガヤガヤとしていることが多く、事務系の職場は静かなことが多いと思います。

いずれにしても大事なのは、**その場その場の環境に合わせて、自分の声を調整する**ということです。

事務系のお堅い職場で高いトーンの声を出していては、軽薄な印象を持たれます。反対に女性の多い職場で低い声を響かせていては、周囲に威圧感を与えてしまいます。環境にそぐわない声を出していると、周囲から浮いてしまい、職場の人とのコミュニケーションに支障が出ることもあります。

前述した「ページング」の要領で、声のトーンやスピードを合わせる必要があるでしょう。

職場に合わせた適度な話し方をつかむには、まずは職場の人の声に注目する必要があります。

職場の人たちの声をよく聞き、違和感のない発声を自分でも心がける。それが信頼関係をつくる第一歩です。

職場でのコミュニケーション——❷

人と差をつける「うなずき」のタイミングと声の出し方

人と1対1で話すときには、**相手の目を見ること**と、**適度にうなずきや相づちを挟むこと**を心がけるようにしましょう。

うなずきや相づちは、話している相手に「きちんと聞いていますよ」「共感していますよ」と伝えるサインです。

ほとんどの人は無意識に行っていますが、意識的に行うことで、相手との距離を縮めるのに役立ちます。

そこで大事になるポイントは**「集中して人の声を聞く」**ことです。

うなずきは、相手の話すスピードに合わせて行うといいでしょう。相手の声の速度や調子に合わせることで、相手は「話を聞いてくれている」「話がかみ合っている」と感じて、もっと話したいという気分になってきます。

時にはうなずくテンポをわざと変えて深くゆっくりとうなずくことで、深く理解したという態度を示すのもいいですね。

相づちに関しては、**「はい」**のひと言だけではワンパターンになりがちです。**「ほぉー！」「わかります」「ええ」**の他に、強い息を吐くサ行を使い、**「そう思います」「そうですね」**としっかり発音すると力強い感じになります。

やめたほうがいいのは、目上の人に対して「うんうん」とうなずいてしまうこと。子どもっぽさがありますし、相手は下に見られたように思えていい気持ちがしません。

相づちにひと言付け加えるのもいい方法です。リフレクティングの要領で**「それは大変でしたね」**と言うとか、**「スゴイですね！」**などと感動して見せるなど、いろいろなパターンが考えられます。

1対1ではなくセミナーや会議などで話を聞いているときも、積極的にうなずくようにするといいですね。

うなずくことで「聞いていますよ」という合図を送ってあげると、話している人もこちらを向いて話してくれるようになります。そして、話し手と聞き手の間に自然と信頼関係が生まれるのです。

スピーカーが上司などの場合はなおさら効果的で、「よく理解しているな」と思わせることができます。本当に理解しているかどうかは別として、たくさんうなずいてみてください。評価が上がるかもしれませんよ。

職場でのコミュニケーション——❸

静かな職場でも伝わる小さな声のコントロール方法

静かな職場ってありますよね。誰もおしゃべりせずシーンとしたなかで、キーボードをたたく音だけがカタカタカタカタ……。

プログラマやエンジニアが多いＩＴ系の会社や、一般の会社でも事務職のオフィスでは、そんな雰囲気のところがよくあるようです。そして、静かな職場で働いているビジネスパーソンで、声の出し方に悩んでいるという人によくお会いします。

何に悩んでいるかというと、周りが静かなので、電話応対をするときに自分の声が気になってしまうということです。

周囲の人に話を聞かれているような気がして、緊張してしまい、「お世話になります」の第一声が詰まってしまうこともあるそうです。

また、あまり大きな声で話すと恥ずかしいので、電話の声も小さくなりがちです。どうしても胸式寄りの声になってしまうので、電話の相手は声が聞き取りづらく、暗い印象を受けてしまいます。

静かな職場で長年働いていると、どうしても会話量が少なくなり、声も小さくなりがちです。職場内のコミュニケーションとしてはそれで支障がなくても、電話や対面で外部の人と話すときには、いつもの声のままではよくありません。

対策としては、やはり腹式呼吸です。本書で紹介したトレーニングを日頃から行い、いつでもいい声が出せるように腹式呼吸を身につけてください。**腹式呼吸のまま吐く息の量を減らせば、小さくても通りやすい声が出せる**ようになります。

電話で大きな声が恥ずかしいという問題は……開き直るしかありませんよね。

小さな声で話して相手に暗い印象を与えるくらいなら、大きな声を出すようにしましょう。ちょっとくらい目立っても意外に人は聞いていないものです。

特に、普段から人に聞き返されるタイプの人は、自分が少々大きい声かもしれないと思うくらいで、ちょうどよい音量です。

自分の声がどう聞こえるかは周りに聞いてみるのもいいですし、周囲の人だって仕事に熱中していますから、人の話なんてたいして聞いていないのです。

自分から積極的にいい声を出すようにすれば、職場の雰囲気も今より明るくなるかもしれません。

終章

「声」というスキルで人生が変わる

仕事で成果が変わる以上に、声の改善で思わぬことがわかりました。声は万病の特効薬かもしれません。

声が変われば自信がつき、性格も必ず明るくなる

声を鍛えることで仕事やプライベートでどのような効果があるのか、私がレッスンした生徒さんの事例を交えながら紹介していきます。

技術サポートの仕事をしているある30代男性は、自分の声が小さく、滑舌が悪いことに社会人になってから気づいたとか。

もともと内向的な性格で、そのうえに声がコンプレックスとなり、仕事がうまくいかず、会社に馴染むこともできなかったそうです。

一度転職して新しい環境に身を置いても、状況は変わりませんでした。

お客様からたびたび、「何を言っているのかよくわからない」「説明がたどたどしい」とクレームを受けていました。「このままではまずい」と、私のところに相談に来たのです。

そしてさっそくレッスンをしたところ、ものの30分で大きな変化が表れました。

その後は、とても熱心に通ってトレーニングに励み、2か月もたった頃には正しい発声をコントロールできるようになっていました。

声がよくなったことで、仕事ではお客様への説明を上手にできるようになりました。職場の同僚や上司からは「いい声になったね」「だいぶ練習したの?」と言われるなど、声の変化に驚かれたそうです。

声をほめられて、自分に自信が持てるようになった彼は、表情も明るくなり、いろいろなことに興味を持つようになりました。

また、「ビジネスの人脈を広げたいから」と、積極的に交流会に参加するようになりました。

今では、あの落ち込んでいた顔が嘘のように、明るい表情をしています。

ボイストレーニングスクールの門を初めてたたく人はだいたい彼と同じように、みなさん思い詰めた顔をしています。

失礼ながら、第一印象のインパクトが弱く、「仕事ができそう」という雰囲気のある人はあまりいません。消極的だったり、覇気がなかったりと、負のスパイラルを招いています。

それほど、声に対するコンプレックスはつらいものがあるのだと思います。

でもトレーニングをすることで、あっという間に声は変わります。

すると周りの人から認められるようになりますから、うれしくなって、自信がつきます。

人前で話す仕事にも積極的に取り組めるようになったり、今まで言えなかった意見がはっきりと言えるようになったりと、さまざまな効果が表れます。

たかが声、されど声。声の持つ力はそれほど大きいのです。

意識して声を変えたことで、気に入られる人になる

外資系航空会社のキャビンアテンダントをしているある女性は、機内アナウンスが苦手でした。

話し方にも発音にも自信がないために、アナウンスの番が回ってくるたびに不安になり、強いストレスを感じていたのです。

試しにアナウンスの原稿を読んでもらうと、確かに間の取り方が悪く、「サシスセソ」がはっきりと言えていないために、たどたどしい印象を受けました。声のトーンも低すぎて暗い雰囲気です。

そこでトレーニングで、呼吸のコントロールや、単語一つひとつを際立たせる発音、高い声の発声方法などを身につけていただいたところ、あっという間に明るく明瞭な声になりました。

その声でアナウンスをすると、同僚のキャビンアテンダントやパーサーからは声をほめられるようになり、アナウンスに対する苦手意識が完全に消えたそうです。

自信がついた彼女は、より収入がいい会社に転職したいと思うようになり、現在再びトレーニングに通って、いい声をさらに磨いているところです。

コンサルタントのある男性社員は、年齢層では50代以上が中心の経営者に対して経営指導をするのが仕事。

しかし、甲高い声がチャラチャラしていて軽いという印象を与えてしまい、クレームを受けてしまったと落ち込んでいました。

本人は無意識だったのですが、鼻に響かせる発声がクセになっていたのです。

そこでトレーニングでは、テンポを落とし、低音で響かせる声を出す方法を徹底して身につけてもらいました。

そして仕事上では意識して落ち着いた低音で話すように心がけたところ、クライアントからのクレームは減り、「前より説明がよくなった」とおほめの言葉をいただくことも増えたそうです。


この2人に共通していえることは、**ビジネスの場では意識して声を変えている**ということです。

トレーニングによって声は変わりますが、その後、身につけた声を継続できるかどうかは人によって異なります。

新しい声のほうがじつは出しやすかったということで、地声が変わってしまう人もいます。

一方で、常に意識していないと「いい声」は出せないという人もいます。

私は後者です。普段家族や友人と話すときの声と、仕事で使う声とはまったく異なります。つまりプロの私であっても、意識しなければビジネス用の声は出せないということです。

せっかく身につけた「いい声」も、意識しなければ使えなくなってしまいます。オンのときには気を抜かず、ビジネス用の声を出すように心がけてください。

声の印象が変わり、相手の反応が変わる

エステサロンを経営するある女性は、テレビショッピングにゲスト出演し、自社で販売する化粧品をアピールする仕事を受けました。

ところが、テレビに出演した自分の声を聞いて驚愕します。

声が全然マイクに乗っておらず、何を言っているのかはっきりしない。それに原稿を棒読みしているような話し方なので、まったくインパクトもなく、心がこもっていないように聞こえていたのです。

当然ながら、商品の売れ行きはさっぱりだったそうです。

これは直さなければということで、ボイストレーニングをスタート。1年間みっちりと取り組んだところ、見違えるような別人の声に変身しました。

そして、もう一度テレビショッピングに出演するチャンスが回ってきたときには、一緒に出演している本職のアナウンサーにも負けないほど、メリハリがあり、感情のこもった話し方ができるようになっていました。

声の効果が大きかったのでしょう、そのときに紹介した商品は2時間で売り切れてしまったということです。

さらには、その反響を知った美容雑誌から取材の依頼も入ったそうです。声を意識して変えただけで、さまざまなプラスの効果が表れたわけです。

声が変われば、相手の反応が変わります。

その相手がテレビの向こう側にいる視聴者や、セミナー会場に集めた聴衆など、大人数になればなるほど、反応の変化は大きな影響となります。

多くの人の前で話す機会のあるビジネスパーソンは、声が与える影響の大きさについて、よく理解しておく必要があるでしょう。

ガラガラのど声から美声に変わる

常に、ガラガラのかすれた声をしている男性がいます。

ガラガラ声、ダミ声は、聞いている相手にとって聞き取りにくく不快な声というだけでなく、本人にとっても悩みになっている場合があります。

ガラガラ声なのに、人にきちんと伝わるようにと無理やり声を出そうとするので、さらに声がかすれてしまい、のどを痛めることがあるからです。

ある居酒屋チェーンの社長も、やはりガラガラ声で困っている一人でした。

社長ですから社員に指示を出したり、経営者の集まりであいさつをしたりと、人前で声を出す機会がよくあります。

しかし、声を出すのがつらく、話せば話すほどのどが荒れるので、次第に人前に出るのが億劫になっていました。

ガラガラ声になってしまう原因として、喫煙や飲酒が挙げられます。しかし実際には喫煙や飲酒よりも、発声法に大きな問題があるケースのほうが多いのです。

腹式呼吸をせず、胸式の浅い呼吸で、のどを使って声を出すやり方を継続してきたために、声がかすれてしまっているのです。

その社長の場合、腹式呼吸を徹底的に練習してもらい、あごを突き出して話す悪いクセを直してもらったら、たった3回レッスンに通っただけで、見違えるほど魅力的な声が出せるようになりました。

そして今では、地元FM局の番組でワンコーナーを受け持つほどに、人前で話すのが好きになったということです。

どんなときも腹式呼吸。これを習慣づけるだけでも、人生は大きく違ってくると思いますよ。

講義中に誰も寝なくなった

とある大学の先生（男性）が、私のところに相談にやってきました。

なんでも彼が授業をすると、聞いている生徒の表情がみんなつまらなそうで、全体の8割が寝てしまうこともあるとか。

声を聞いてみると、穏やかな癒やし系ボイスで、とても魅力的です。しかし実際の講義を見せてもらったら、学生の気持ちがよくわかりました。

普段話しているままの声で講義をしているので、ボソボソとしていて言葉がはっきりせず、間の取り方も悪く、話の内容がなかなか頭に入ってこないのです。

それにずーっと同じトーンで話しているので、どこまでも同じ景色が広がる大陸のなかを電車で走っているような、そんな気分になってしまい、気が遠くなり、眠気を感じずにはいられないのです。

この先生には、いろいろなテクニックを学んでもらいました。

時には大きく、時には小さくささやくように声を出したり、単語を一つひとつ区切ってはっきりと発音したり、身振り手振りをオーバーにして情熱的に話すようにしたり……。

大変だったと思いますが、教育に対する情熱は人一倍ある方だったので、懸命に取り組んでくれました。

その成果はすぐに授業に表れました。授業中に寝る生徒が少なくなっただけでなく、半年ごとに行われる生徒アンケートでも、「以前より聞き取りやすくなった」「話がおもしろくなった」という声が増えたということです。

同じ内容を話すのでも、話し方によって伝わり方が大きく違うということがわかる、いい例だと思います。

腹式発声で脂肪を燃やし、痩せることができる

自慢に聞こえてしまったらゴメンナサイ。でもこれは紛れもない事実なのですが、私、まったく太らないんです！

これは言うまでもなく、毎日発声トレーニングを実践している効果だと思います。

私の地声は、比較的高音です。高音の声を持つ人が、相手の聴覚に届く、通りやすい声を出すためには、お腹からたくさん息を吐いて発声する必要があります。

常に意識して腹式呼吸をするということは、基礎代謝を向上させ、カロリーを消費することにつながります。

私は毎日朝から晩まで、思いっきり腹式呼吸で声を出しまくっている生活ですから、好きな食べ物を好きなだけ食べて、特別な運動は全然しなくても、まったく太ることがないのです。

私だけではありません。当スクールにレッスンに来た40代のOLさんも、声によるダイエットの効果が表れた一人です。

彼女は腹式呼吸のトレーニング方法を習得し、それを通勤途中や階段を上り下りする際も実践してくれていました。

40代になると代謝が落ちてきて痩せにくくなってしまいますが、声のトレーニングを行っている彼女は、体重が落ちてウエストのサイズもダウンしたのです。また表情筋もよく使ったため、顔のたるみが減るという効果もありました。

体型がスリムになり、顔もスッキリした彼女は、その後どうなったかというと、まず服装が変わりました。

これまでの体型を隠すような形の暗めな色合いの服装がガラッと変わり、スッキリとしたシルエットの、明るいカラーの服装を好むようになったのです。さらには髪の毛やメイクも変わり、全体的に垢抜けた雰囲気の女性になりました。

声の効果っていろいろあるんですね。

恋も手に入れる！声で好感度が変わる

声が変わることで、恋を手に入れた人もいます。

婚活ブームが続いていますが、婚活に取り組む女性にとって、服装やメイク、髪型などに細心の注意を払い、男性に気に入られるスタイルを心がけることは常識です。

その延長線上で、「声もよくしたい」とボイストレーニングに通う人も増えています。

私のところに来た女性も、そんな一人でした。

彼女は第一印象をよくするために、服装や髪形などをバッチリと直したのに、なかなかいい人に巡り会えないでいました。

本人の理想が高すぎたわけではありません。また、容姿に関してはむしろ優れているほうで、写真によるマッチングでは相手の男性に好印象を持ってもらえることが多かったのです。

しかし、実際にお見合いをしてみると、それから先には進まない。お見合いを5回ほど繰り返したところで、アドバイザーの人に「声を直してみたら」と言われたのです。

声を聞くと確かに、一緒にいても楽しくなさそうな、くらーい感じのする声でした。でも、少しトレーニングしただけでガラッと明るい雰囲気に変わりました。

たったそれだけのことですが、好感度がアップしたのでしょう。結局お見合いではなく、友人の紹介でいい人に巡り会い、めでたくゴールインを果たすことができました。

「声だけでそんなに変わる?」と疑う人もいるかもしれませんが、男性は意外と女性の声に敏感だと思います。

たとえば、相手を突き放すようなクールな話し方をする女性は、よほどの美人は別として、男性にモテることはありません。

もちろん好みは人それぞれ違いますが、基本的には明るいトーンで、感情のこもった話し方をする女性のほうが、男性に好かれる傾向があるのはたしかです。

声が恋愛の武器になるのは男性でも同じです。

弱々しい声やたどたどしい声の男性には、なんとなく頼りない印象を抱いてしまいますよね。結婚を考えている女性が、これから生活を共にするパートナーとして、わざわざ頼りない人を選ぶことはありません。

女性に「頼りがいのある人」と思ってもらうためにも、声は大事なのです。

婚活を成功させるためにボイストレーニングをする男性はあまりいませんが、少しでも婚活を有利に進めたいなら、ぜひ取り組むことをおすすめします。

いじめに遭う子供の声に特徴があった

子を持つ親にとって、いじめはとても心配な問題です。

私自身も小学校の頃に転校した先でいじめに遭ったことがあるので、いじめられっ子のつらさはよくわかります。

私のスクールではビジネスパーソン向けのコースのほかに、親子のボイストレーニングというコースがあり、声のせいでいじめられていることに悩んでいるお子さんもよく受講しに来ます。

いじめられる子の特徴としては、まず「声が小さい」ことが挙げられます。統計があるわけではありませんが、声が小さい子はいじめの標的になりやすく、反対に声が大きい子にいじめられっ子はいない、これは感覚値として間違いではないでしょう。

また、ほかにも「声が通らない」「よく言い間違えてしまう」「聞き取りにくい」「カ行・サ行・タ行が言えない」などの問題があると、いじめの原因になりがちです。

就学前には気にしなかった友だちも、小学校に上がる頃になると、「言葉が変」「しゃべり方が変」とからかうようになります。

言われた子は傷ついて、萎縮してしまい、よけいしゃべられなくなるのです。正しい声を出せないと、メンタルにも影響が及ぶわけです。

なぜ、うまく発声・発音ができない子に育つのかというと、それは親の影響が大きいといえます。

子供にとって、親の声は最初のお手本です。子供は親の声を聞き、まねをすることで言葉を覚えるからです。その段階で親の発音がおかしいと、子供にもそれが受け継がれてしまいます。

2人の子を持つ親御さんで、上の子はきちんと発音できるのに、下の子はうまく発音できないというケースがありました。

その理由は、下の子が言葉を覚える時期に、お母さんが歯の矯正のためにマウスピースをしていたからです。それほどまでに、親の声が如実に影響を与えるということです。

お子さんの声は、親の責任です。

まずは、親が正しい発声方法を身につける必要があります。

そしてその声で本を読んであげたり、一緒に歌を歌ったりする時間をたくさん設けることで、元気に明るく、正しい発音で話せる子供が育つのです。

声が変わると「印象」「考え」「行動」が変わり、「人生」が変わる

これまで「いい声」ではなかった人が、ボイストレーニングを行うと、まず自分自身でその変化に驚きます。

録音して聞いた声が、トレーニング前と後で大きく変わったことで、「自分はこんな声

も出せたのか」とうれしくなってしまいます。

そして次に、周囲の人の反応が変わります。

たとえば職場の同僚や上司が、今まであまり聞いてくれなかった話をじっくりと聞いてくれるようになったり、これまで通らなかった意見が通るようになったりします。

なかには、「声がよくなったね」とほめてくれる人も出てくるでしょう。

周囲の人に認められると、今まで嫌いだった自分の声が好きになり、自分に自信が持てるようになります。

「この声を使って、もっと人前で話すような仕事をしてみたい」とか、「声だけでなくボディランゲージも上達させて、プレゼンの達人になりたい」などと、仕事に対して前向きに取り組めるようになります。

パーティーなどに参加して新しい出会いを見つけたり、転職して収入アップを図ったりする人も。

声が変わるだけで、前向きでポジティブな感情になれて、行動力がアップし、視野が広

がり、新たな生き方の発見につながっていくのです。

しかも、**声を変えるのにかかる時間は、最短で1分間。**

たったそれだけで人生が変わるきっかけをつくれるのですから、やらない手はありませんよね。

声を変えて、自分に自信をつけて、人生のステージをどんどん駆け上がっていってください！

おわりに

この本のタイトルには「誰にでもできる！」「誰でも習慣にできる！」そして「楽しく簡単にできて、自分の『声』に自信を持つことができる！」、そんな私の思いが詰まっています。

「声が変わると人生が変わる」——これは、私が経営しているビジネスボイストレーニングスクール「ビジヴォ」のテキストの表紙に書いてありますが、実際、声をよくするだけで、仕事や人間関係が好転し、自分が好きになり、どんどん前向きな人生に変わります。

そういう受講生をたくさん見てきました。それが、私の生きがいであり喜びであり、この仕事で最もやりがいを感じているところです。

ビジヴォでビジネスパーソンに向けて声の指導を始めてから8年になりました。音楽専門の高校・大学、大学院で学び、19歳から子どもたちに歌声やピアノの指導をしてきたので、この道の指導歴は約15年になります。

ビジネスパーソンの「声」という特殊なものに特化した仕事ですが、この「声」の仕事を通し、私は社会人として、人として本当にたくさんの出会いと経験をして成長できました。

「もともと音楽家のあなたが、どうしてこの仕事をしているの？　どうやって今のようになったの？」と、多くの人に聞かれます。

それは8年前、当時知り合った経営者（現在夫である）午堂登紀雄が「声が通らない、滑舌が悪い」と悩んでおり、「話すためのボイストレーニングスクールに半年通っているのだが、まったく改善されない」とぼやいたことから始まりました。

私が、その場で声の弱点や発声法を指摘し、20分ほど指導したところ、彼の声がガラリと変わり、よく通る印象のいい声になりました。

それをきっかけに私のビジヴォの指導が始まったのです。

ゼロからの出発で、初めはビジネスパーソンの受講生2人だけでしたが、今は3万人を超える指導数になり、全国各地に出向き企業研修や講座をさせていただけるようになったのも、ビジヴォのスキルだけでなく私の「声」、営業や説得の「声」も大きく関係していると、私自身が確信しています。

「声」は、重要なビジネススキルなのです。

「声」というものは、その人の思いや考えを相手に届けるための必要不可欠なものです。「声」の出し方を間違えていたり、変なクセをつけて相手に与える印象が悪くなってしまったりと、声がコンプレックスになって悩む方がたくさんいらっしゃいますが、声は本当に変えられますし、コントロールと本人の意識でいかようにも効果的に使えて武器になる素晴らしいものだと信じています!!

日本全国のビジネスパーソン、声を使うすべての人が「声」のパワーを知り、自信を持ち、素晴らしいビジネスができますように!!!

最後に、今回、この本を出版するにあたって今までの指導方法を振り返り、思い出したり気づいたりしたことがたくさんありました。特に編集者の方は、去年一番のインパクトのある男性で、かなり真剣に取り組んで、ビシバシとアドバイスをしてくださいました。

「この本を何千人何万人の人が読むということを忘れないで」

「ありきたりの抽象的な話はおもしろくないです。何を言いたいのかわかりません……」

声トレを文章として形にすること、誰が読んでもうなずけるような内容にすること。時には緊張のあまり、打ち合わせの日は彼の夢を見るくらいでした（笑）。

何度も何度も何時間も悩み考え、愛情をもって本を作り上げていただいたことに、本当に本当に感謝しています。

この本が、全国のビジネスパーソンや声をよくしたいたくさんの方々の手元に届きますように。

そして、ビジヴォ・スクールの坂本麻友美先生、佐藤雄太先生、村山淳子先生、伊藤智美先生、唐鎌菜恵さん。チームビジヴォの結束力と講師陣の支えがあってこその私です。

ありがとうの気持ちでいっぱいです!!

2016年1月

秋竹朋子

参考文献

＊『ほめ言葉ハンドブック』本間正人・祐川京子著、ＰＨＰ文庫
＊『「脳の疲れ」がとれる生活術』有田秀穂著、ＰＨＰ文庫
＊『アメリカの企業家が学ぶ世界最強のプレゼン術』ジェリー・ワイズマン著、持田直武・福山柴乃訳、ＷＡＶＥ出版
＊「プレジデント」２０１２年7月16日号、プレジデント社

［著者］

秋竹朋子（あきたけ・ともこ）

ビジネスボイストレーニングスクール「ビジヴォ」代表。

1982年2月3日福岡県生まれ。東京音楽大学ピアノ演奏家コース卒業。聖徳大学大学院音楽文化研究科修了。ウィーン国立音楽大学での留学中には、ディヒラー国際音楽コンクールでの入賞など国内外での受賞歴多数。

ビジヴォの代表として、「声」「話し方」に問題を抱えるビジネスパーソンの指導を実施。

音楽家ならではの聴力と技術を駆使した、日本初「超絶対音感」によるボイストレーニングが話題を呼び、「ニュースウオッチ9」「Rの法則」（NHK）、「スッキリ!!」（日本テレビ）、「ホンマでっか!?ＴＶ」（フジテレビ）、「ワールドビジネスサテライト」（テレビ東京）ほか多数出演。

東京を拠点に全国各地で250社を超える企業での研修や教員研修を行い、これまで3万人以上にレッスンを実施。

2011～2012年、経済産業省のグローバル人材派遣として「ビジネスボイス」が選ばれ、フィリピンに赴任、日本にとどまらずアジアにて「声」の指導をしている。

「話し方」に自信がもてる
１分間声トレ

2016年１月28日　第１刷発行

著　者――秋竹朋子
発行所――ダイヤモンド社
〒150-8409　東京都渋谷区神宮前 6-12-17
http://www.diamond.co.jp/
電話／03·5778·7232（編集）03·5778·7240（販売）
装丁――重原隆
本文デザイン――大谷昌稔
イラスト――タワシ
編集協力――平行男
製作進行――ダイヤモンド・グラフィック社
印刷――慶昌堂印刷
製本――加藤製本
編集担当――武井康一郎

ISBN 978-4-478-06859-5

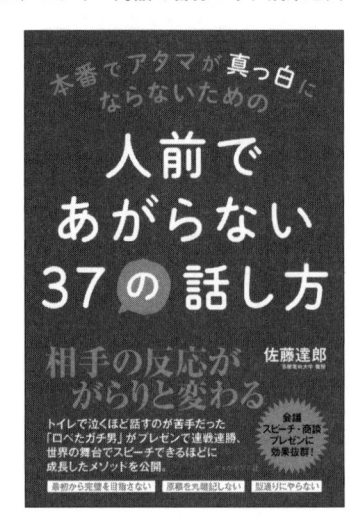

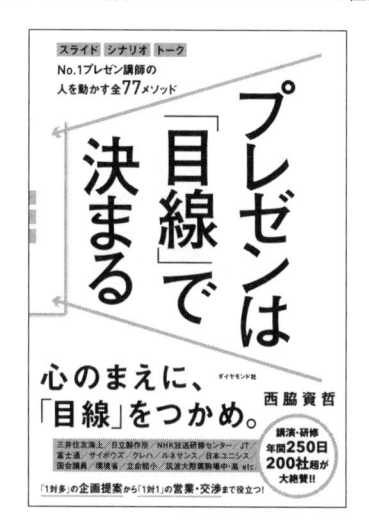

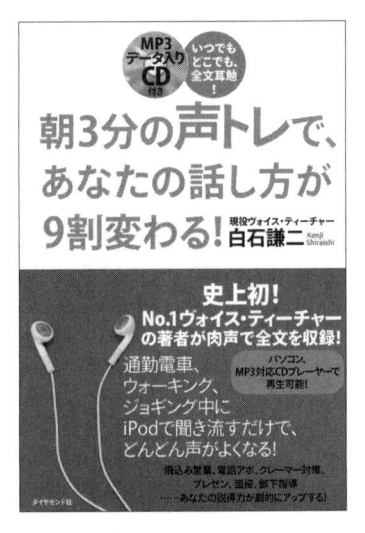